THE OLD MAN'S VERSES

THE OLD MAN'S VERSES

IVAN DIVIŠ

TRANSLATED AND WITH AN INTRODUCTION BY

DEBORAH GARFINKLE

HOST PUBLICATIONS
AUSTIN, TX

Host Publications, Inc. 277 Broadway, Suite 210, New York, NY 10007

Layout and Design: Joe Bratcher & Anand Ramaswamy
Cover Art: Jakub Kalousek
Cover Design: Anand Ramaswamy

First Edition

Library of Congress Cataloging-in-Publication Data

Diviš, Ivan.
[Verše starého muze. English & Czech]
The old man's verses / Ivan Diviš ; translated and with an introduction by Deborah Garfinkle. -- 1st ed.
    p. cm.
Summary: "Bilingual Czech/English edition of a Czech poetry collection"--Provided by publisher.
ISBN-13: 978-0-924047-55-8 (hardcover : alk. paper)
ISBN-10: 0-924047-55-0 (hardcover : alk. paper)
ISBN-13: 978-0-924047-56-5 (pbk. : alk. paper)
ISBN-10: 0-924047-56-9 (pbk. : alk. paper)
1. Diviš, Ivan--Translations into English. I. Garfinkle, Deborah. II. Title.
PG5038.D5V4713 2008
891.8'615--dc22
                    2007051547

TABLE OF CONTENTS

To Bob – my eternally young old man and most loving reader

ACKNOWLEDGEMENTS

I am indebted to the help and support of my dear friend, Vladimír Pech, whose wise counsel and faithful friendship have proven invaluable to me during the translation process. I would also like to express my heartfelt thanks to Professor Maria Němcová Banerjee for her insightful readings of Diviš's more enigmatic and idiosyncratic expressions. Maria - your wisdom, love of literature, learning and life and faith in my ability have been a source of continued inspiration. I am also indebted to Joe W. Bratcher, III and Host Publications for allowing me to see this project through, especially Anand Ramaswamy who has made the editorial process a piece of cake and true joy. Finally, there would never have been a project without Lida Diviš, whose generosity and friendship have been invaluable. Lida's belief in her late husband's work has brought the gift of Ivan's insight, humor and humanity to readers of English, a precious, rare gift, indeed. Lido - Jsem za to moc vdečná.

INTRODUCTION

Ivan Diviš (1924-1999) was a poet and essayist of the post-war generation whose literary career was defined by his exile in the wake of the Soviet invasion in 1968 and his Christian faith. He belonged to the influential group of writers, active in Czechoslovakia after the War, who used literature to explore the nature of human existence and metaphysical thought. Born in Prague, he studied philosophy and aesthetics at Charles University and later worked as an editor for the publishing house Mladá fronta. Diviš's work flourished under the climate of cultural and intellectual freedom in Czechoslovakia during the 1960's Prague Spring. However, the Soviet invasion in August 1968 signaled the death knell for Dubček's *socialism with a human face*, the philosophical maxim that engendered the greatest flowering in the arts since the country's inter-war period. After the communist party reinstalled strict control over expression, Diviš, like many other writers, was forced to make the decision to face censorship and *write for the drawer* (psát do šuplíku) to find an audience through samizdat publication emigrate before it was too late. Diviš's decision to leave Prague for Munich marked a turning point in his work; despite gaining the freedom to write, exile meant banishment from Eden, a loss of the native tongue that inspired his poetry and his readers. Diviš lived in Munich for over two decades, working for Radio Free Europe until the Velvet Revolution paved the way for his return.

Ironically, Diviš's homecoming did not culminate in a joyous reunion of the prodigal son – now an old man – and his beloved Prague. Instead, the poems from this period speak of a bitter disappointment in his native land and his fellow Czechs, whom he felt were prone to ignorance and deceit. Diviš's particular *weltanschauung* is emblematic of the stark contradictions dividing those who had left in the face of political oppression and those who stayed behind. As such, *The Old Man's Verses* is an important poetic work, a moving chronicle of the tragedy of twentieth-century Czechoslovakia, its history of loss, and the deep social, cultural and political scars that, sadly, still remain.

Yet the significance of Diviš's collection goes beyond its historical and cultural context; the breadth of his vision is not bound by a particular age or place, or by the literary tradition that engendered it. In *The Old Man's Verses*, Diviš freely transports us through time and space – from the pristine mountain peaks of Tibet to a Prague gutter, and from the Big Bang up to the barbarous century of Hitler and Stalin, right through to the brink of the new millennium and the threshold of his mortal existence. We meet an assorted cast of characters, including Plato, Buddha, Mozart, Teresa of Avila, Balboa and even Stephen Hawking. We go from the heavenly heights to the depths of Hell, and from science to metaphysics, in just a few short lines, traveling as far as his expansive imagination and poetry can carry us.

Characterized by Czech critic Jaroslav Med as "the veritable Jeremiah of Modern Czech Poetry," Diviš is a modern-day prophet who laments holocaust and exile, and whose word is not of the kingdom of Heaven, but of the apocalypse soon to come. These poems speak to the irreconcilable gulf between an individual's utter faith and their nihilistic disbelief when faced with continuing destruction. Diviš does not, nor will not, let us forget the lessons human history has taught us: that the Chinese conquered Tibet, the sacred heights, *pool table of giants*, for its tungsten, uranium, lead and zinc; that all nations, great and small, have exulted at the feet of mass murderers; and that the Earth never stops *traveling from war to war on conspiracy's tangent.*

Diviš believes that the *poet's life and work should not be parted*: and, thus, he and his work acts as our conscience and memory in a world defined by the duality of *forgetting and endless cowardice.* Diviš stands alone before humanity, like Jeremiah, abandoned to his fate, reviled by humanity, misunderstood, and with his message tragically unheeded. Such has been the lyric according to Diviš; such has been the lyric condition from *from Gilgamesh to Achilles, past Shakespeare to Holan.*

Diviš asks himself, and us, how anyone can be foolish enough to believe in God when the only evidence of his existence is that he abandoned his only son. Yet, the Old Man, his eponymous persona, the cranky old poet who rails at God over the sorry nature of his existence, is neither a hardened misanthrope nor a hopeless pessimist. He is a comedian, a work of pure performance art. By donning the guise of the old geezer, Diviš is at greater liberty to use hyperbole and humor to expose deeper truth. Yet no matter how cynical his vision at first seems – his unvarnished accounts of holocaust and calumny, the petty hypocrisies of countrymen and homeland where *the poet isn't worth shit* – the Old Man never spares himself the brutal scrutiny of his critical eye. He exposes himself, warts and all, as an unrepentant rake and sinner, at one moment quietly meditating on the nature of the cosmos, and in the next, cursing up a storm. And, even though he proves humanity is hopelessly flawed, the world unjust, and death and destruction just around the bend, there is a silver lining: the mutual humanity that endows us with the hope for redemption and God's love. By being able to laugh in the face of it all, he finds deep compassion for everyone who is unlovable and unloved. He prays for the hungry, sick, poor, and imprisoned, and even for the would-be suicides, begging them to *hold on* despite the darkness. Where there is still life, there is always the possibility that *maybe in a few split seconds a sly star will shine at you through a crack.*

As for Diviš, even as he stares death in the face, he confesses that he's looking forward to *the greatest adventure* – death and God's judgment. He is curious and joyful that he's still around to raise an angry fist. Diviš's innumerable contradictions are the source of his poetry and its complexity, and it's his poetry that expresses his boundless faith, creating order in a world where God's presence is, to all indications, a cruel scam. The ironic distance between Diviš and his curmudgeonly critic is what makes his poetry so deeply human, Czech, and very well worthwhile.

Translating Diviš has turned out to be a daunting task. At first glance his work seems easy to translate, given his penchant for the vernacular and the simplicity of the short lines of free verse that make up the greater part of this collection. But on closer inspection, Diviš's simplicity is misleading. In order to express the eternal and all-encompassing contradictions of human faith, Diviš devised a complex lyric where vulgar idioms are juxtaposed with archaic structures, and neologism or non-sequitur with pub slang and the most prosaic vernacular. Diviš employs a devilishly complex word order so that his literary creations can do justice to the mystery of being. He constantly omits road signs that aid the reader – titles, clear referents and completed sentences – preferring to begin his poems at the beginning, the first line capitalized as if he's quoting chapter and verse from the Bible. But the beginning is never the beginning. Instead, we've caught the Old Man in the middle of a meditation about something important that has yet to be revealed to us. In these cases, I've tried to stick with the original's lack of completion in order to maintain mystery that is disrupted, as Diviš points out, by man's using language to name it. However, in places where ambiguity gets in the way of conveying the semantic complexity of his vision, I have used the noun for greater clarity and coherence. But since confusion is his point, it often (like the mystery) needed to be respected by the prying translator. All of these formal techniques create a lyrical web of language that, for the translator, is difficult to unravel without tearing its delicate fabric to shreds.

Apart from my attempt to be faithful to Diviš's ambiguity, I have struggled with how best to represent the tension between literary and spoken Czech. During the Hapsburg's almost three-hundred-year reign, the Czech language existed only in the vernacular: its revival in the late eighteenth century meant reaching into the pre-Hapsburg past, the sixteenth century, for a base upon which to rebuild what was no longer a literary language. This means that the written language has not evolved at the same pace as its vernacular counterpart. Since English never had to undergo a similar renewal, doing justice to this element is often challenging. In some instances, no matter how hard I tried to find a way to convey his literary archaism, as in the use of the relative pronoun an (that/which) in "Woe unto him Who Doesn't Honor Them," (Běda tomu, kdo je nerespektuje), the end result was always so awkward that I decided in favor of content and fluency over form. Since the poem's opening line hearkens back to the Bible, I felt that that language set the tone for the piece, and the archaic relative pronoun, although essential to his discourse, had to be sacrificed for sense's sake.

But one of the most daunting tasks has been finding a way to convey Diviš's love of neologism and wordplay, the poet asserting his authority over language. By coining words and manipulating existent word forms, Diviš expands linguistic boundaries, constructing out of his imagination an idiosyncratic lexicon. In a sense, Diviš, through his imagination, becomes a creator, like God producing the Big Bang, except his materials are not muons and quarks, but prefixes, endings and roots, the atoms of the poet's existence. How does a translator find equivalence when a word's meaning is rooted in one context, a poem, and has not existed anywhere else? My problem was compounded by the fact that I could not consult with Diviš to provide a greater context for his neologism. In the case of the word *Agolai* (Agolai System), a word associated with Holocaust and devastation, its meaning was not immediately evident because its root does not derive from Czech, but Hebrew. As well as creating words from non-Czech sources, Diviš also plays around with form to create new uses. In the poem, "During my lifetime, I've Only Learned to Read and Write Czech Well," Diviš creates a neologism, *opodzimnen*, by turning the noun *podzim* (Fall) into a passive verb construction that conveys the sense of a person being overwhelmed by Fall. My solution was to change the word *forlorn* to *fall-lorn* to capture the sadness of the impending winter and the word play of the original.

Another challenge was how to properly render Diviš's penchant for vulgar idiomatic expressions, such as the line in the poem that narrates Diviš's spectral visit from Mozart: when Mozart is asked to explain why he has shown up in Diviš's living room, the great composer matter-of-factly explains to the poet, *But Sir, God fucking put it into my head*, (ale pane, Bůh to prostě vesral do hlavy). Using the very vulgar idiomatic expression, *vesrat do hlavy* (to instill [shit] an idea in someone's mind) to describe God's will reflects Diviš's own will to free God from his lofty perch beyond the pearly gates to render the deity less unapproachable, distant, God-like and, ultimately, less cruel. It also shows that even the genius that God has forged contains within it the base contradiction of being.

As Diviš constructs novel forms of language to represent the Old Man's struggle to overcome the contradictions of man's base nature in the face of the divine and vice versa, he also deftly employs lyric structure to heighten the feeling of the rift between

Paradise and Earth, harmony and dissonance. He often begins a poem in free verse and then suddenly, in mid-stream, reverts to rhymed couplets and then shifts back once again to free verse, composing layer upon layer of image and lyric that are ultimately resolved by the stasis of a final rhymed couplet that brings the meditation to its harmonious conclusion; the world has not yet been thrown into complete chaos. These reversals are difficult to reproduce in English, a language whose comparative lack of case structure does not easily lend itself to end-stopped rhyme the way Czech does. The added complication of the poet's complex imagery and the fact that fixed rhyme in modern English poetry sounds precious or sing-song made my task of remaining faithful to Diviš's sound and sense all the more challenging. For the most part, I opted to remain faithful to the image by working with off-rhyme that sounds more poetic to the English ear. When the meaning did not afford me the option of regular or slant rhyme, I made slight changes to the sense in order to open up that possibility. Because the depth and complexity of Diviš's message about God and Man depends on the dynamic interaction of lyric and image, I felt that sacrificing the music for the sake of being tenaciously faithful to his literal meaning would not do justice to the beauty and power of the linguistic and symphonic tapestry that defines Diviš's poetic genius.

- *Deborah Garfinkle*
  San Francisco, 2007

THE OLD MAN'S VERSES

Tato moje předposlední kniha poesie je připsána panu Pavlu Parmovi z Frenštátu p/R, úctyhodného věku, mladistvého srdce a jednomu zmála, kdo to tady v Království Českém všechno prohlédl vhledem orlím. Pavel Parma je člověk vzácný, ojedinělý, vynikající římskými ctnostmi, tj především věrností. Je dárný, stál mému pohnutému životu vždy k dispozici přesnou, zavčasnou radou, obdarovával mne penězi, vydal mně na svůj náklad knihu, zcela pominutou tzv. českou literární kritikou, on, který má sotva denně na jeden jogurt ráno a na večeři. Jeho oporou je jeho manželka, paní Mahulena a je typické, že osobně jsme se všichni nikdy neviděli už přes třicet let. Seznámili jsme se v Kopřivnici, stýkali se na Wolkrových Prostějovech a když jsem z této nesnesitelné země 14. srpna 1969 na plných osmadvacet let odešel, psal mně do Mnichova a já jemu do Frenštátu; pravidelně odpovídal. Proti věku / není léku, ale čas je nízká, rabská kategorie, zatímco nezištná láska je mimo vešken čas. SALUT, drahý Pavle!

Neděle, dne 7. prosince 1997
05,00 ráno

This, my penultimate book of poetry, is dedicated to Pavel Parma from Frenštát pod Radhoštěm, a man of venerable age, young at heart and one of few here in the Czech Kingdom who scrutinized everything with an eagle eye. Pavel Parma is a rare, exceptional man possessed of Roman virtues, first and foremost among them, fidelity. He's generous and has always been there for me with his apt, timely counsel, giving me money and publishing my book the so-called Czech literary critics dismissed, despite the fact that, each day, he hardly has enough for a yogurt at breakfast and dinner. His mainstay is his wife, Mahulena and it's in keeping with our relationship that we haven't seen each other in over thirty years. We got to know each other in Kopřivnice, socialized at Wolker poetry festivals and when I left this unbearable country on August 14, 1969, for a full twenty eight years, he wrote me in Munich and I, him, in Frenštát. He responded on a regular basis. "There are no pills/for age's ills, yet time is a base, slavish class, while selfless love is beyond all time." Dear Pavel, I salute you!

Sunday, 7th of December 1997
At 5 AM

Naše slovíčka krákají jako ptactvo,
jež zpovzdálečí sleduje koráb.

Vladislav Vančura
Markéta Lazarová

Christe, miserere animae indignae meae
Christe, miserere animae indignae meae
Christe, miserere animae indignae meae

Poslední slova umírajícího
Johna Keatse

Neštastná země! Cizí země!
Moje požehnaná vlasti!

Jaroslav Durych
Bloudění

4

Epigraphs:

Our words screech like birds
who follow in the distance the tall ships

> *Vladislav Vančura*
> *Markéta Lazarová*

Christe, Miserere animae indignae meae
Christe, Miserere animae indignae meae
Christe, Miserere animae indignae meae

The last words
of the dying John Keats

Unhappy land! Foreign land!
My blessed homeland!

> *Jaroslav Durych*
> *Wandering*

IVAN DIVIŠ

*   *   *

Kroutivé smyčky lidí
jejich ustavičné vraždy.
Stydím se, stydím
navždy.

Stydím se, ač nezavraždil jsem
nikoho, ví to zem!
Studem temným, v předivu tajemném –
že vůbec jsem.

2.V.1992

*   *   *

The people's twisted noose,
their never-ending slaughter.
I bear the shame, the shame
forever.

I bear the shame, yet, earth knows,
I've never killed a soul!
In a dark web, the dark infamy
that utterly is me.

5.2.1992

*   *   *

Nebe je z kamenů,
z podezřele průhledných kamenných kostek.
Troucheň, která se pod takovým nebem proměňuje,
vyprázděna je z poezie a invence,
já to znám, obě prchly ve zlomku vteřiny
do Skalistých hor, skála se otevřela
a za oběma mocnostmi zavřela.
Kdo mne poslal na svět, nevím,
ale nebylo to dobře,
nikdy se to nemělo stát.
A co se života zbytkem?
Vlády se ujme lhostejnost,
zírání z okna, za kterým není nic.

16.VII.1992

*   *   *

Heaven is made of stones,
phony see-through stone blocks.
The rotting muck that strolls beneath such a sky
is spent of poetry and invention.
I know both of them fled to the Rocky Mountains
in the twinkling of an eye. The rock face opened
and, behind the two powers, shut.
I don't know who sent me to earth,
But it wasn't a good thing.
It should never have happened.
And now what about the life I've still got left?
Indifference takes over.
It stares out of the window beyond which is nothing.

7.16.1992

*   *   *

Je to obrovské podzemní akvárium,
kde ve světlezelené vodě
proháhějí se nejstrašnější potvory,
žraloci, murény, barracudy.
Turisté jásají, hlavně děti,
aniž tuší, že tohle je metafora jejich žití,
ne života. Když hledím nazpět
na prospekt té nekonečné absurdandy,
s hrůzou chápu, že toto akvárium
byl symbol i mého žití, ne života,
ano, žití, ne života,
který mně byl odepřen
většinou vlastní vinou,
pošetilým počínáním a
pochybnými skutky.

16.VII.1992

*   *   *

There is a great aquarium beneath the sea
where, in the light green water, the most terrifying creatures,
sharks, moray eels, barracudas,
are frolicking about.
The tourists are overjoyed, especially the kids.
They don't even suspect that this is the metaphor for their living,
not life. When I look back
on the prospect of this infinite absurdity,
in horror, I realize that this aquarium
has also been the symbol for my living, not life,
yes, living, not life
which was denied me
mostly by my own fault,
foolish behavior and
questionable deeds.

7.16.1992

Tibet

Náhorní rovina, kulečník obrů,
vynesený démony do výše pětitisíc metrů.
V roce padesát před branami jeho hlavního města
padlo devadesát tisíc lučištníků.
Svět na to zapomněl, neboť svět
propadl zapomenutí a nedělá nic jiného.
Vpadli sem Číňané
beze svých básníků, zato
se svými nestvůrami. Vpadli sem
pro wolfram, uran, olovo a zinek,
jehož je ta země plná. Vpadli sem,
aniž byli schopni poklady vytěžit,
takže jim nezbývá než dřepět, srát pod sebe
a špinit vysokohorský vzduch. Svět to zapomněl,
ale svět se zabývá jen dvojím: zapomenutím
a nekonečným zbabělstvím. To dělá
na svou ostudu před horskými majestáty,
zasněženými štíty
i tichem tekoucím jak med.

Tibet

An upland plateau, the pool table of giants,
carried by demons to a height of five thousand meters.
In the year fifty, before the gates of its capital,
ninety-thousand archers fell.
The world has forgotten because the world
has lapsed into forgetting and can do nothing more.
The Chinese struck here
not with their poets, but
with their monsters. They struck here
for the tungsten, uranium, lead and zinc
the planet is full of. They struck here
and because they weren't up to mining the treasures,
they could only
squat, shit into the wind
and foul the alpine air. The world has forgotten,
but the world is caught up with this duality: forgetting
and endless cowardice. To its shame
it does so before mountains' majesties,
snow-covered peaks
and silence that flows like honey.

* * *

Norilsk a Kolyma! Popel Židů.
Systém Agolai, kde chcípe za ostatnými dráty
dvacet milionů. Tibet i Afghánístán.
A Osvětim a Bergen-Belsen, Treblinka.
To je jisté, a jisté je rovněž
že jak velbloud, který tři měsice nepil,
ke konci se vláčí toho kanibalské stoleti,
které začalo geniálními intuicemi Einsteina
a končí rozborcením veškerých tabu.
Adorno řek: je konec, po Osvětimi nelze už psát žádnou poezii!
A měl pravdu. Přesto, že to řekl,
Jsem ji psal dál, nic nevěda, a se mnou
ropotající žabinec tisíců mládenců a panen.
Dělají to z nepotlačitelného pudu,
anebo aby něco napravili, anebo aby jen vyvlékali si ze
střev mátlivý sen! Už aby byl konec a lidstvo
ve zbytkovém sebestudu
ze srázu se vrhlo do svého velesudu,
který si samo sestrojilo. Žádného člověka!
Prokletí odvěka, už žádné bolesti
plynoucí ze strašlivé přirozenosti.
Sbohem tedy, kalná voda
mumlá: žádná velká škoda
a snášejícím se soumrakem, pak tmou
zavrou se vlna za vlnou.

2.II.1994

*   *   *

Norilsk and Kolyma! The ashes of the Jews.
The Agolai System where twenty million snuffed it
on barbed wire. Tibet and Afghanistan,
Auschwitz and Bergen-Belsen, Treblinka.
That's a fact and, likewise, it's a fact
that, like the camel who hasn't taken a drink in three months,
the cannibalistic century that started with Einstein's
        ingenious intuition,
is dragging to an end,
and will finish with the smashing of all taboo.
Adorno said: it's all over – after Auschwitz you can no longer
        write poetry!
And he was right. But I've kept writing
in spite of it, knowing nothing, thousands of youths and maidens
with me croaking in the chickweed.
They're compelled to by an irresistible urge,
or so they can set something right, or remove themselves
from the bowels of this baffling dream! If only it would end
and humanity in its remaining virtue
would fling itself off the abyss into
the cask made by its hand. No man!
The age old curse, no pain to endure
arising from his terrible nature.
Farewell, the murky water utters;
it's no great loss, it mutters
and as day finally descends with the light
wave upon wave surges into night.

2.2.1994

* * *

Není pohledu tísnivějšího nad pyšný trojstěžník,
jehož kapitán a posádka chce dobýt světa,
an stane v bezvětří, v naschválu živlů,
dokonale ochromen, a třeba na několik dní.
A zatrneš: není situace pyšného plavidla,
jeho výbavy a hromadné bezmoci
i situací mou? Nejen mne co celého člověka,
ale i mojí bytosti a bytnosti?
Zamrazí tě: začneš se modlit,
spíš než za tu loď, to za sebe.
Slituj se, Panebože,
sešli vánek a pak vítr dující.

23.I.1995

*   *   *

No sight is sadder than that of the proud schooner
whose captain and crew want to conquer the world,
standing in the doldrums, at the mercy of the elements,
crippled completely possibly for several days.
You're suddenly gripped by fear: isn't the proud vessel's plight,
its rigging and combined impotency
my condition as well? Not only for me as a full human being
but also my existence and entity? -
The thought chills you: you begin to pray
for your sake rather than the boat's.
God, have mercy,
send down a zephyr, then a raging gale.

1.23.1995

*   *   *

Tři sta metrů od mého domu
teče bystrý regulovaný kanál Isary,
což je i jezero a naše Jizera,
neboť v obou našich krajích byli Keltové.
A po březích tohoto bystrého toku
bytuje kolonie kachen, mužů i ženiček,
celkem osmnáct. Je to ústřední výbor
jediné partaje, která nevraždí.
Jak rozšafní fotři mezi kachnami procházejí se
vrány, tvorové důstojní, beze vší animozity
ke kachnímu společenství.
Kdykoli jdu kolem, pozdravím,
jako bych zdravil život a vyhlížel jaro,
triumf sakury, rozkvetlé stráně Petřína.
Dožiju se jara? Obávám se, že ano
a těším se na ně, na radost kachen
i tajuplný odlet vran.

24.I.1995

* * *

Three hundred meters from my home
the Isar Canal's regulated waters flow swiftly by,
and then there's the Isar dam and our Jizera River
because the Celts inhabited both our lands.
A flock of ducks, males and females, live
along the banks of the swift stream,
eighteen in all. They are the Central Committee
of the only party that doesn't kill.
Among the ducks, crows parade like wise old geezers,
dignified creatures, who bear the duck community
not the slightest ill will.
Whenever I go by, I greet them
as if I were greeting life and looking out for spring,
the triumph of the cherry, Petřin's flank in bloom.
Will I live to see spring? I'm afraid I will
and I'm looking forward to it, to the duck's joy
and the mysterious departure of the crows.

1.24.1995

*   *   *

Prizmatem poezie lze rozeznat
téměř bezezbytku všechno lidské; člověkovu
nepoučitelnost, vinu, neštěstí a smrt.
Táhne se to od Gilgaméše přes Aischýla
a přes Shakespeara do Holana.
Všichni ti obři rozeznali věci prosté,
a proto doléhavé. Ale lidé to nečtou,
protože před podstatami dávají přednost
episodám a sbírkám známek.
A pak se diví ranám, které se ustavičně opakují.
Jaký to pohled, muset být účasten!
Taky já jsem propadl té moci, oné mocnosti,
která mne zbavila života, možnosti lásky,
neboť nikoho nemiluji. Byl mně darován život,
a já namísto abych ho byl žil –
jsem psal. Běda! Má lítost je pozdní!

24.I.1995

*   *   *

You can make out everything human
through poetry's prism: man's
lawlessness, guilt, misery and death.
It spans from Gilgamesh past Achilles
and past Shakespeare to Holan.
All of these giants could make out the basic things
and, thus, what's vital. But people don't read it
because they put stamp collecting and life's little episodes
before the essentials.
And then they're amazed at the blows they inflict without end.
This is the spectacle you've got to join in!
I, too, gave in to the power, the potency
that stripped me of life, the possibility of love,
because I don't love anyone. Life was given to me
and instead of living it –
I wrote. Alas! My regret is too late!

1.24.1995

IVAN DIVIŠ

* * *

Dva něžně draví orli Albionu
Percy Bysshe Shelley a John Keats
spočívají vedle sebe na jediném protestantském hřbitově
v černě katolickém Římě, dávno nevěčném.
Jejich těla zetlela, jejich poesie však
hoří a neuhasíná.
Pojeďme za nimi, zajděme k nim,
ale předtím zakupme u děvčete černého jak uhel
dvě rudé růže, rudé jak revoluce,
zajděme k rovům a po jedné květině
tiše je položme.

24.I.1995

*   *   *

The two gently ferocious eagles of Albion,
Percy Bysshe Shelley and John Keats,
lie next to each other in the only Protestant cemetery,
in a Catholic Rome blackened by soot, eternal no more.
Their bodies have decayed, but their poetry
burns on and won't die out.
Let's go visit them, let's stop by,
but first, let's buy two blood-red roses, blood-red as a revolution
from a girl who's black as coal.
Let's stop by the graves and, one stem after the other,
lay them quietly down.

1.24.1995

* * *

Jeho neslýchaný apoštolát mezi lidmi
netrval ani rok, a skončil fiaskem.
Přes fiasko to byla a jest
jediná událost, z které můžeš vyložit
celý svůj život. Vykládáš tedy svůj život
z toho, že otec v rozhodujícím okamžiku
opustil syna, kterého poslal na svět.
Jak si to vyložit?
Výklad však ruší tajemství,
tak jako slovo věc.

25.I.1995

*   *   *

His seminal mission among the people
didn't even last a year and ended in fiasco.
Despite the fiasco, it was and is
the sole event from which you can interpret
your entire life. So you interpret your life
based on the fact a father
abandoned the son he sent to earth
in the decisive moment.
How can you explain it?
The explanation spoils the mystery
the way a word does a thing.

1.25.1995

*   *   *

Co lze? Zamilovat se? To snad lze,
jenže vzápětí se začnou vzpírat buďto strom anebo tůň,
takže dochází ke drobnokresbám,
aniž se vyjevila malba.
Lze snad nítit války zavadivým pohledem,
zpustošit z hecu zemi a zas odtáhnout.
Co lze ale v p r a v d ě,
je přispět k sebeproměně. Jenže to je tak těžké,
jako chtít k sobě přiblížit Spicu a Capellu
a zasnoubit je s Vegou. Správně tušili
staří Hellénové, kteří, čehokoli se dotkli,
proměnilo se v drúzu génia –
že pohnout sebou samým je víc
než změnit konstelaci hvězd.

26.I.1995

*   *   *

What's possible? Falling in love? Perhaps it is,
only the tree or pool will soon begin to resist
so they wind up as miniatures
without the brushwork being revealed.
Perhaps with a dirty look, you can kindle a war,
lay waste to the Earth for kicks and pull out again.
But, *in truth*, what you can do
is your bit to change yourself. Only it's as hard
as wanting to bring Spica near Capella
and betroth them to Vega. The ancient Greeks,
who turned whatever they touched
into the crystal of genius, were right to suspect –
to change yourself is a greater feat
than changing a constellation of stars.

1.26.1995

* * *

Nejsem opuštěn, ale tak sám,
že vrána, vyhledavší si naproti na větvi post
je samotřetí družstvem, k němuž se připojí.
Ne, že bych plakal, ale zhovadilost světa
do mne stéká ustavičným čůrkem hnisu,
který chtě nechtě musím polykat.
Ne, že bych nemiloval vlastní děti,
ale ve směsi úžasu a zklamání sobce vidím,
že už to jsou lidé samostatní,
ode mne oddělení, a zcela jiní než já. –

26.I.1995

*   *   *

I'm not forsaken, but so alone
that the crow on the lookout for a perch on a branch
        across the way
is its own trinity with the company it keeps.
Not that I'd weep, but the world's brutality
festers in me with its never-ending trickle of shit
that, like it or not, I have to swallow.
Not that I wouldn't love my own children,
but, in a mix of surprise and regret, I see they're out
for themselves,
already self-sufficient,
cut off from and utterly alien to me. –

1.26.1995

* * *

A tak se modlím za všechny vězně
a tak se modlím za všechny, kdo chcípají hlady
a tak se modlím za Afghánístán a Tibet
a tak se modlím za všechny zoufalce,
kteří se právě v tuto chvíli chtějí oběsit.
Nedělej to! volám na ně, sebevražda
je vražda, a to ty přece nechceš!
Možna že už za tři vteřiny
skulinou svitne ti pokradmá hvězda.
Vydrž! Jedině tak
zvítězíš, a to ať už za životem nebylo by nic –
anebo tebou zcela netušená říše!

27.I.1995

*   *   *

And so I pray for all who are in prison
and so I pray for all who are dying of hunger
and so I pray for Afghanistan and Tibet
and so I pray for all in despair
who, right at this moment, want to hang themselves.
Don't do it! I call out to them. Suicide
is murder and that's precisely what you're not after!
Maybe in a few split seconds
a sly star will shine at you through a crack.
Hold on! Just so
you'll triumph, even if there's nothing beyond life –
or a kingdom beyond your wildest imagination!

1.27.1995

IVAN DIVIŠ

*   *   *

Památce Pavla Plavce

Vstoupili jsme s Pavlem do katedrály v Passau
vnevčas, tj. pozdě, kdy služby boží končily.
Fortissimo tutti největších varhan světa
přibilo mne k dlaždicím.
Nikoli Kristem, ale těmito ohlušujícími hejbly
nahání instituce ovce do ovčince?
A kde zůstal On? Ptal jsem se s nedůvěrou,
rysem povahy, který mně byl vštípen
a utvrzován vším, co jsem kdy poznal
a prohlédl skrz naskrz? A kde je On?
A tu On sám se pohnul v mojí hrudi.
Zavalilo mne teplo, pojď, řekl –
i vyšli jsme. Bylo září, měsíc,
ve kterém slavím narozeniny.
Netknuté stromy držely tuhé listí.
S tleskotem a co něžný výstřel
vzlétlo hejno holubů.

27.I.1995

*   *   *

In memory of Pavel Plavec

Pavel and I entered the cathedral in Passau,
ill-timed, late, that is, as the services were ending.
The fortissimo tutti of the world's largest organ
nailed me to the floor.
The institution driving lambs to the fold
with these ear-splitting contraptions, not Christ?
And where did He remain? I asked myself in disbelief,
with the character trait engrained in me,
backed up by everything I've known
and scrutinized through and through? And where is He?
And right there He stirred in my breast.
I was flooded with warmth. Come, he said –
and we left. It was September, the month
in which I celebrate my birth.
The pristine trees were clinging to their stiff leaves.
With a clap, a flock of doves took off
like a gunshot.

1.27.1995

* * *

Okno! Po ránu otevřené okno
na Malostranském náměstí. Co se děje za ním?
Vyvzdušují snad zatuchlý prostor?
Anebo tam právě proběhlo milování –
neboť mžikově jsem zahlédl pokojem proběhnout
košilatou postavu, ana si přidržuje účes.
Začal jsem okno pozorovat, ale marně,
nespatřil jsem už nic.
Pochopil jsem, že jsem starý muž,
odešel jsem a šel se opít,
jen tak donapola, s ohledem na své nezádržně spadající tkáně.
Starý muž pod otevřeným oknem –
tak by mohl začít špatný román,
který už jistě někdo píše.

29.I.1995

*   *   *

A window! After dawn, an open window
in Lesser Town Square. What's going on behind it?
Maybe they're airing out the musty room?
Or maybe they've just finished making love –
because I got a brief glimpse of a scantily clad figure
doing up her hair as she rushed through the room.
I started staring at the window, but it was useless.
I saw nothing more.
I realized that I was an old man.
I went out to get drunk,
only in moderation, given that my body's tissues are, slowly but
surely, falling apart.
An old man beneath an open window –
that could be the start of a bad novel
someone surely is already writing.

1.29.1995

*   *   *

Od majestátu Pamiru až po Pandžáb,
od neposkvrněnosti po nedohlednou kaluž,
od Islandu, kde sopky hřmějí, až po Pacifik
hemžící se žraloky a barrakudami,
vše, co jsem vytvořil, teď' leží pode mnou:
najdeš tu majestáty, to, co se nezdařilo
i prostřednost, ten virtuózní textil.
Pohled na tuto vedutu je úděsný.
Je totiž zabydlena lidmi
tvory ze zásady nepoučitelnými,
doslova netvory, pro něž opakování
opakování téhož zřejmou je potěchou.
Chtěli by, ale nemohou, chtěli by protrhnout,
přitom se ustavičně strhávají
do sebe samých. Všechno lepší
jsem jim dal, sám nemám nic.
Co dají oni mně? Nic, byla by výhra.
Dají mně nekonečnou blbost, nezastižitelnost
a lest co mast, kterou se daří
mazat viklavé a rozvrzané stáří.
To je veduta světa? Pohled na ni
je vpravdě úděsný. Prozření
nesnáší se se sny. Snad jen příchod vesny
mě utěší. Jen na okamžik.
Taková je cena zrání,
to stojí vstupenka do stmívání.

30.I.1995

*   *   *

From the majesty of Pamir all along Punjab
from what's untouched all along the impenetrable pool
from Iceland where volcanoes thunder, all along the Pacific
teeming with sharks and barracudas,
everything I've created now lies below me:
Here, you'll find majesty that could never be taken
as mundane, that virtuoso fabric.
The view is awe-inspiring.
Just the same, it's populated with people,
incorrigible creatures as a rule,
monsters, by definition, for whom repetition,
repetition is an obvious source of relief.
If they could break free, they would, but they can't
while they're constantly picking
at themselves. I've given them
the best of everything. Me, I've got nothing.
What'll they give me? Nothing would be a windfall.
They'll give me no end to their foolishness, fickleness
and deceit to use as a cream
to grease rickety and decrepit old geezers.
Is this a view of the world? The sight of it
is truly awful. The awakened state
can't put up with dreams. I suppose only spring's arrival
will bring me relief. But only for a moment.
For growing old this price we pay
for the admission to night from day.

1.30.1995

*   *   *

Teprve tady jsem poznal, co to je,
když od vás nikdo nic nechce.
Teprve tady jsem poznal, když vám za pětadvacet let
nikdo neřekne deset smysluplných vět.
Je to pocit zpicnuté věže, vyvyšující se
nad ještě hnusnější kostel, v neděli v deset,
kdy začínají zdánlivé služby boží
a ti, kdo jim chtějí obcovat,
nepožijí Tělo Kristovo,
ale oplatku. To se ustavičně opakuje,
takže nabýváte dojmu zrychleného filmu
točeného pozpátku.

3.II.1995

*   *   *

It wasn't until I got here that I understood what it's like
when nobody wants a thing from you.
It wasn't until I got here that I understood what it's like
        when nobody
will say ten meaningful sentences to you in twenty-five years.
It feels like a rickety tower looming over
an even viler church on Sunday at ten
when the presumptive services begin
and those who want to attend them
don't gobble up the Body of Christ,
but a wafer. It keeps repeating over and over
so that you get the feeling you're watching a time-lapse film
shot in reverse.

2.3.1995

* * *

Veškerá nádhera světa a jeho rozlehlost
člověku nestačí. Pod záminkou potřeby
šťourá a ničí, kam šlápne
deset let tráva neroste. Nejzapadlejší kout a ráj,
kde se ještě pasou jeleni,
pročesá a tu zvěř složí.
Teprve pak je ukojena
prokletá složka jeho povahy,
kterou nelze změnit
ani kdybyste jí nabídli Ráj.–
I ten by odmítla,
jen aby mohla být sama sebou,
tj. ničím a nikým.

3.II.1995

*　　*　　*

The great splendor of the world and its expanse
don't satisfy man. Using want as a pretext,
he wreaks havoc and destroys. Wherever he sets foot,
the grass won't grow for ten years. He scouts out
the most far-flung corner and paradise
where the deer still graze and slaughters the wildlife.
Only then is the unholy part of his nature
satisfied, a nature
that can't be changed
even if you were to offer it Paradise –
it would turn that down, too,
just to be by itself –
namely, with nothing and nobody.

2.3.1995

*   *   *

Pavlu Petrovi

Když jsem s odznakem Máchovým
začal stoupat na Radobýl, byl už večer.
Když jsem stanul na vrcholu, byla už noc,
rozdulá stopadesáti vichry galeón,
které si lehaly na bok. Mohl jsem se o ten vichr
opřít zády. Pak mne srazil na kolena
a v této skrčce viděl jsem nebe plné hvězd,
rozeznával spermatickou šmouhu nebes
a tedy čočkovitou ovrubu naší Galaxie.
Pohlédl jsem dolů. Čechy
posety byly blikotnými třesoucími se světly
a nebylo vyloučeno, že hranou jihozápadu
viděl jsem na obzoru dálnicové rozsevy Prahy.
Vichr sílil, ozval se chrupavý praskot větví.
To mne přimělo k sestupu. Do hotelu
jsem dorazil až o půlnoci,
okamžitě usnul a ve spánku byl odměněn
snem o Čechách, posetých světly.

4.II.1995

*   *   *

For Pavel Petr

When I started climbing Radobýl with Macha's insignia
it was already evening.
When I stopped at the top, it was already night,
blown by the gales of one-hundred-fifty galleons
that were lying on their sides. I was able to prop my back up
against the wind. Then I fell to my knees
and, as I crouched down, I saw a sky covered with stars.
I made out the spermatic smudge of the heavens
and then the lens-like rim of our Galaxy.
I looked down. The Czech Lands
were studded by blinking, twinkling lights
and it was just possible that at the horizon's southwest edge
I saw Prague's streetlights in the distance.
The wind picked up. You could hear the sharp crackle
    of branches.
It forced me to descend. It wasn't until midnight
that I arrived at the hotel,
fell asleep instantly and, as I lay sleeping, was rewarded
with a dream of the Czech Lands studded with lights.

2.4.1995

*   *   *

Oslovil jsem tě, usmála ses,
začal jsem žvatlat, ty ses usmívala,
srdce mně začalo skákat v hrdle
a všechny šťávy těla začaly se točit
v nádherné hře fyziologie,
něžně jsem tě vzal za ruku, neucuklas
Pojď'me odtud pryč, pojď'me někam
Ale kam? opáčilas –
třeba ke mně, tam vám bude dobře,
udělám vám ceylonský čaj
Nic proti tomu nemám! Ó zázraku,
který jsi frekventován tak zřídka,
neboť jsi výmykem z přírodního zákona,
tady ses zpřítomnil, vedli jsme se za ruce
jakmile jsme došli domů, svlékla sis plášť,
objal jsem tě a tys začala
kroužit svým klínem o klín můj.

10.II.1995

*   *   *

I spoke to you – you smiled
I began to babble – you grinned
My heart skipped a beat – I had a lump in my throat
and all my body's juices began flowing
in physiology's delightful game –
Gently, I took you by the hand – you didn't pull away
Let's go out, let's go somewhere
But where? you replied –
How about my house – you'll like it there
I'll make you tea from Ceylon
I'm all for it! O, miracle
you who turn up so rarely
because you're an exception to natural law,
turned up here. We walked hand in hand.
As soon as we got home, you took off your raincoat.
I embraced you and you began
to rub your lap against mine.

2.10.1995

IVAN DIVIŠ

* * *

Že mně bude letos jednasedmdesát
a že můžu každým dnem zemřít. Uvědomil jsem si to
ve výtahu, tedy v soustrojí
které nepřetržitě pendluje. Uvědomil jsem si,
že to na bezprostřednost nevypadá
ale současně zdálky slyšel pohřmívání,
horských masivů. Dojde tedy v čas bouře
k nejdůležitější události mého života.
Pryč budou lískavky lásek, pryč
nesmyslné jízdy vlakem, neboť byly odnikud nikam,
pryč Praha, ta Sodoma, pryč Mnichov, záludný
a nemilovaný, pryč obě ženy, tři děti,
vnuk a bezpočet hrabalovských episod,
které byly o ničem. Toto bude o něčem!
Dokonce čekám
na největší dobrodružství,
o kterém nemá nikdo
ani tuchy. Neprosím o milost,
čekám na svůj proces, a jsem zvědav.

10.II.1995

*   *   *

That this year I'm going to be seventy-one
and could die any day now. I realized it
in the elevator, there in a contraption
that moves up and down without end. I realized
it doesn't seem imminent,
but just now, I've heard the mountain ranges'
distant thunder. So the storm will arrive in time
for the most important event of my life.
Gone will be loves' lashings, gone
the senseless train rides going no place to nowhere,
gone Prague, that Sodom, gone Munich, treacherous
and unloved, gone two wives, three children,
a grandson and the countless Hrabalesque episodes
that didn't mean a thing. This will mean something!
I'm actually waiting for
the greatest adventure
no one has
the slightest inkling of. I'm not begging for mercy.
I'm awaiting my trial and I'm curious.

2.10.1995

* * *

Chtěl bych mít doma onen sloup
stojící na Uralu, na jehož levém konci
je vytesáno: Evropa a na pravém: Asie.
Chtěl bych chovat snímek pořízený chodbovým bleskem
zachycující koitus Lenina a Krupské.
Chtěl bych poznat otce
který opravdu miluje své dva syny
a chtěl bych poznat matku,
která opravdu miluje svou dceru.
A chtěl bych prodělat klasickou trasu Orient-Expresu
onoho vlaku, v němž se souloží a vraždí.
A chtěl bych být dítě a probudit se na Boží hod
s výskotem a jít se probírat dárky
které jsme dostali na Štědrý den.

11.II.1995

*   *   *

At home I'd like to have the signpost
in the Urals with Europe carved
on its left and Asia on its right.
I'd like to lay my hands on the surveillance photo
capturing Lenin and Krupskaya having sex.
I'd like to find a father
who really loves his two sons
and a mother
who really loves her daughter.
And I'd like to take the classic ride on the Orient-Express,
where people kill and screw each other.
And I'd like to be a child and wake up with a shout
on Christmas Day and rummage through the gifts
we got on Christmas Eve.

2.11.1995

*   *   *

Je to zem, kde básník je hovno,
pravil Antonín Sova, učitel Hrubínův.
Je to zem, kde ze tří největších z nich
vydal svědectví jedině Zahradníček,
Seifert pozdě, Holan nikdy.
Je to zem, kam naházíš-li deset
Dantových Božských komedií,
skončí pod třemi recenzemi a pak v Pečkách
na ohromném smetišti a vzadu čoudí Velim.
Je to zem uzamklá ne snad na deset západů,
ale ta, která nemíní komunikovat
v domnění, že je pupkem světa.
Ale ona není pupkem, je jeho slinivkou břišní,
orgánem, na který lépe nesahat.

12.II.1995

* * *

Antonín Sova, Hrubin's teacher, said:
This is a country where the poet isn't worth shit.
This a country where, of the three greatest poets,
Zahradníček was the only one who'd attest to it –
Seifert only later, Holan, never.
This is a country where if you bundled up ten copies
of Dante's Divine Comedy
they'd wind up beneath three book reviews, then on the
    giant dump
in Pečky while Velim, in the background, belches smoke.
It's a country not bolted, perhaps, by ten locks,
but one that doesn't deign communicate
because it thinks it's the belly-button of the world.
Only it's not its belly-button. It's its pancreas,
an organ that's best not to touch.

2.12.1995

IVAN DIVIŠ

* * *

Z okna jídelního vozu při neškodném pivu
viděls už po kolikáté míjet svou rodnou zemi,
kde ses narodil, ale ve které nežiješ,
aby ses vracel do země sousední, kde žiješ
a kde máš rodinu.
A vždy nanovo ti tvoje rodná země
z těch oken připadala buď jak pobělohorská
anebo husitská. Pozorovals ji
s jistým opovržlivým napětím, ale i
neuvěřitelným soucitem, soucitem,
jak ji probouzí opakovaná vražda.
Hledal jsi zámky, hledal jsi hrady,
jimiž je poseta jak album známkami,
ale nic jsi neuzřel. Buď je zbourali,
anebo zavřeli, takže tam nikdo nemůže,
anebo je prostě zapomněli,
což je to nejhorší.
A tak jsi pohyboval zády,
aby ten vlak už tu zemi přejel,
aby to už bylo za tebou,
taky proto, že se zkracuje tvůj život...

16.II.1995

*   *   *

From the café car window over a harmless beer
several times you've seen your homeland,
where you were born but no longer live, slip by
so you could get back to its neighbor where you live now
with your family.
And once again, from these windows, your country
looks the way it did after White Mountain
or during the time of the Hussites. You regard it
with a certain scornful unease, but likewise
with unbelievable compassion, compassion
as if a serial killing has awakened it.
You searched for the manors, searched for the castles,
that studded it like an album with stamps
but you didn't see a thing. Either they tore them down,
or locked them up so no one could get in,
or they simply forgot about them
which is worst of all.
And so you shift your seat
for the train to finally cross over the country
for it to be behind you at last
and also because your life's running short...

2.16.1995

*   *   *

To bylo při cestě do Němec. Seděla
naproti tobě, nijaká krasavice, ale ten železniční spodek
ke všemu otevřený, otvíral
a zas zavíral příslušný okrsek tvého mozku.
A jak jsi do těch jejích stehen čuměl, anebo zíral, najednou
vlak stanul
a ona řekla nahlas: LANDSHUT!
Soulož se přiblížila jen v tvé pošetilosti.
Přišlo Řezno a ona vystoupila.
Netečně, sledujíc svůj cíl,
rázovala po peroně
a ty už ji nikdy nespatříš.

16.II.1995

*   *   *

It was on the way to Germany. She was sitting
across from you, a beauty by no means, but the train's chassis
open for all to see, like hers, was opening
and closing the corresponding region of your brain.
As you ogled her legs, or rather, gazed at them, suddenly
the train came to a stop
and she called out *LANDSHUT!*
The closest you got to sex was only in your foolishness.
You arrived in Regensburg and she got off.
Indifferently, she struck out down the platform
towards her destination
and you'll never see her again.

2.16.1995

*   *   *

Knihy hltal... Ženy běsnil... a vůbec
dělal v š e c h n o   o b r á c e n ě...
Rázy duševní nemoci byly jen přidušené,
takže co? Zmařil si život.
A všechno, místo do života, házel
po lopatách do nístěje poesie...
To dělal věrně. A to obrácené
nedá se napravit už ani knihou, ani ženou,
ale snad poesií,
házenou do nístěje zmaru a do života,
jako by blázen postrkoval blázna
do blázince, ano tam,
kde bytují naši lepší bratři
a naše lepší sestry...

1995

*   *   *

He consumed books... ravished women and, as a rule,
did everything *against* the grain...
The symptoms of his mental illness were merely suppressed.
So what. He ruined his life.
And into the forge of poetry, instead of into life,
he shoveled everything...
He did that faithfully. And a book or a woman
can't fix what's been done against the grain
but maybe poetry,
cast into the forge of ruin and life can,
as if a madman were to drive another madman
into the madhouse, yes, the place
where our best brothers
and sisters reside...

1995

*   *   *

V životě naučil jsem se jen číst a psát
dobře česky, a nenávidět a opovrhovat,
možná že jsem i miloval, ale koho a co,
už jsem zapomněl, domnívám se,
že pokud jsem co v životě miloval,
postavilo se to ode mne píčou ke zdi,
a tak opodzimen v tomto malém pokoji
rozpačitě stojím, přehlížeje krajinu
a jestliže halasně kdo vejdeš s napřaženou rukou,
krátce ji sic stisknu,
ale vzápětí pustím.

17.II.1995

*   *   *

In my life I've only learned to read and write
Czech well, and hate and disdain,
maybe I've even loved, but whom and what
I've forgotten. I feel
that whatever I've loved in life
has turned its fucking back on me.
And so I survey the countryside,
fall-lorn, standing in a daze, in this little room
and were someone to make a noisy entrance, hold out his hand,
sure, I'd clasp it for a moment,
but, in no time at all, I'd let it go.

2.17.1995

*   *   *

Památce Zbyňka Havlíčka

Praštěly rámy řinkalo sklo,
truhlice vyletovaly na verandu,
rozpačovali jsme je, nacházeli
neuvěřitelné množství skvostů,
ze skvostů vyletovali tropičtí ptáci
s čelenkami a chvosty, pochopil jsem,
že konkistadory nepoháněla vpřed jen touha po zlatě,
pochopil jsem, že touha je bezedná,
že pro ni nemame výraz.
Tupě mne napadlo,
že bychom se mohli vydat zničit
hlavní město bolševismu,
které leží všude a nikde,
že budeme muset vyhodit po povětří celý svět,
to pro jistotu.

*   *   *

In Memory of Zbyňek Havlíček

Frames crashed, glass clattered,
coffers flew onto the veranda.
We distracted them and discovered
an incredible multitude of gems.
Tropical birds flew out of the gems
with crests and feathery tails. I realized
that the conqusistadores weren't spurred on merely by the
    lust for gold,
I realized lust is fathomless,
that we don't have a word for it.
A cold-blooded thought occurred to me:
we could set out to destroy
the capital of bolshevism
that lies everywhere and nowhere
and we're going to have to blow the whole world to bits
just to make sure.

* * *

Položím-li na stůl jako kdysi model Dürerův
svou pravou ruku a pak vedle ní levou,
čím jsem starší, tím zřetelněji vidím výstup žil,
jejich modrozelenavou barvu,
jejich očividnou plastiku, mapu života.
Musím se přiznat, že při tom pohledu
cítím dalekou lítost
za neodčinitelným a nenávratným,
za naprosto nenapravitelným,
ale je tu i útržek podivné úcty
i vděku,
že to mám už všechno za sebou.

18.II.1995

*　*　*

If I place my right hand on the table
then my left next to it like one of Dürer's models from long ago,
the older I get, the clearer I see my veins sticking out,
their blue-green color
their visible plasticity, a map of life.
I must admit when I see this sight
I feel a distant regret
for what can't be undone, what's beyond recall
and completely past redeeming
but there's also a shred of a queer respect
even gratitude
that it's all finally all behind me.

2.18.1995

*   *   *

Chodil bych k Teréze Ávilské,
tu bych uznal za svou učitelku,
té bych naslouchal a vždy na odchodu,
hluboce bych se uklonil.
Nikoho jiného bych neuznal a nechtěl znát.
Zeptal bych se jí, co je zlo,
proč jsme takové svině
a co si myslí o zámořských cestách.
K poslední návštěvě u této ženy
přínesl bych kytici rudých růží –
ani ona by proti tomu nemohla nic mít,
a já bych hledal její pokývnutí hlavou
a hlídal posunek, jímž se se mnou loučí.

18.II.1995

*   *   *

I'd like to study with Teresa of Avila,
acknowledge her as my teacher,
heed her and, always, upon taking my leave,
bow down.
I wouldn't want to acknowledge or know anyone else.
I'd ask her what evil is,
why we're such pigs
and what she thinks about travel overseas.
At our final meeting,
I'd bring her a bouquet of red roses –
even she couldn't object.
I'd observe her nodding her head
and watch out for the gesture she uses to tell me goodbye.

2.18.1995

*   *   *

Snažil jsem se vstrčit vlas do tůně
ale nedařilo se to, vlas ohýbal se o hladinu.
Vstal jsem a šel s vlasem ke stěně z vanadové oceli
šest metrů vysoké a temně se blyštící
a snažil se vstrčit vlas do této neprůstřelné stěny
a hned napoprvé vlas vnikl do stěny,
to jsem cítil, vylezl na straně opačné
zvítězil jsem, neboť město za stěnou
v tu ránu lehlo popelem udeřeno nečekaným úžasem.
Slyšel jsem lehký šust snáře, jako když
naříká dítě –

18.II.1995

*   *   *

I tried sticking a hair into a pool,
but it didn't work. The strand buckled on the surface.
I got up and took the strand to a wall made of vanadium steel
six meters high and darkly glinting.
I tried sticking the strand into this bulletproof wall
and, at once, on the very first try, the strand penetrated it.
I felt it poking out on the other side.
I had triumphed because the city on the wall's other side
lay in ashes smitten by the unexpected shock of the blow.
I heard the slight rustling of the pages of a dream-book as if
a child were wailing.

2.18.1995

*   *   *

Je to podvod, nic se neděje
skutečnost stojí na místě anebo naopak
je až příliš hybná, výsledkem
je náš stupor, rošířené zornice
a úplná ztráta řeči,
anebo naopak žádné naopak –
skutečnost nechce být poznána
a couvá před námi do přízračných řad myonů,
      hadronů a guarků,
jež nepochybně jsou dále dělitelné.
Zítra znouvu vyjde slunce
a všechno se začne protáčet na místě nanovo.
Nepochybuji, že je to všechno šílené
a svět že je zařízen špatně.
Odmala, kam jsem vkročil, vždy jsem hledal
mechanismus, na jakém podrazu
je to tu porafičeno.

19.II.1995

*　　*　　*

It's a scam – nothing's happening,
reality's hovering in place, or on the other hand,
it's far too unstable. Our stupor
is the result – the dilated pupils
and our complete loss for words,
or, on the other hand, there isn't any other hand –
reality doesn't want to be known.
It retreats before us into a ghostly string of muons,
　　hadrons and quarks
that no doubt can be split even further.
Tomorrow the sun will rise again
and everything will begin to revolve in place once more.
I've no doubt that everything's gone mad
and the world's been poorly devised.
Ever since I was a child, wherever I set foot, I searched
for the spring rigged
on some dirty trick.

2.19.1995

*   *   *

Núněz de Balboa vystoupal na vršek,
vymínil si, že tam vystoupá sám –
Ještě dvě stě ještě sto ještě tři kroky
tušil dobře, uviděl pod sebou šíji
Atlantiku a Pacifiku
stál tam omámen hodnou chvíli,
než zavolal dolů na své druhy.
Pak byl zakut do želez, přepraven do Španělska
a tam sťat.

19.II.1995

*   *   *

Núněz de Balboa climbed to the top of the hill.
He gave the order he was to climb up alone –
Two hundred, one hundred, three more steps to go,
he rightly guessed it. He saw beneath him
the isthmus of the Atlantic and Pacific.
Overcome he stood there for a long while
before he called down to his shipmates.
Then he was clapped in irons, carted off to Spain
where he had his head cut off.

2.19.1995

*   *   *

Jste dvakrát ženat, máte tři děti a vnuka?
Ano, to souhlasí, to by odsouhlasil
i Bill Clinton za šumného polopotlesku
parasitů od masových médií.
Jak byste charakterizoval svou první ženu?
Byla o šest let starší, nepříčetně žárlivá,
chtěla ode mne jen dvě věci,
abych s ní spal a abych nepil.
To první jsem jí s chutí plnil, to druhé nemohl,
chápaje, že se ocitám v síti hustší nežli je pavoučí.
Měla o vás zájem? O mou práci, myslíte?
Ani v nejmenším, když jsem dostal cenu,
řekla mně doma, že na tom nejkrásnější bylo
že jsem se ten večer neopil.
Pak se dopustila zločinu, za který
alespoň v některých státech Unie je elektrické křeslo.
A vaše manželství druhé?
Zpočátku bylo šťastné, pak se začala měnit,
kamenět dovnitř, stala se z ní
puklá Sfinga,
v raptu jsem zahodil její milostnou korespondenci,
a to jsem neměl, neboť to bylo básnické dílo –

19. II. 1995

*   *   *

You've been married twice,
have three children and a grandson?
Yes, I admit it – even Bill Clinton
would admit it for the roaring half-hearted applause
of the mass media parasites.
How would you describe your first wife?
She was six years my senior, insanely jealous –
She wanted only two things from me:
that I'd sleep with her and not drink.
The former I gladly fulfilled, the latter, I couldn't
because I realized I'd gotten myself into a web thicker
        than a spider's.
Was she interested in you? Oh, you mean in my work?
Not in the least. When I was awarded a prize,
she told me when we got home that the best thing
        about the evening
was that I didn't get drunk.
Then she committed a crime that gets
you the chair, at least in some states of the Union.
And your second marriage?
At the beginning it was happy, then she began to change.
She hardened to stone inside, became
a crumbling Sphinx.
In a fit of rage, I threw out her love letters,
but I shouldn't have because they were works of poetry –

2.19.1995

*   *   *

Pro Aztéky had znamenal čas,
snad pro svou ovíjivou škrtivost,
tento divoký národ nás předeběhl,
neboť jaké znamení pro čas máme my?
Nelze ho zobrazit a vyjma toho
to znamená, že slova jsou jen slídové odštěpky
zkroucené tapety, padaná omítka,
že jsou nic, a my to nevíme,
a my to víme, je to zoufalé –
pro nejdůležitější věci na světě
není zobrazení a důsledně ani slovo,
tápeme kolem skříní propadáme se
říkali nám – varuju tě, tam nestoupej –
a my to právě proto provedli
Nikdo nás už neuvidí
ani nejbližší.

21. II. 1995

*   *   *

For the Aztecs the snake was the symbol for time
maybe by virtue its sinuous choke-hold.
The barbarous race outstripped us
for what kind of symbol for time do we have?
You can't depict it and barring that means
words are just glimmering shavings
stripped from crooked sheets of wallpaper, fallen plaster,
that are nothing, and we don't know it
and we know. It's hopeless –
there isn't any image and, as a result, not a word
for the most important things in the world.
We fumble about wardrobes. We squirm.
They told us – *I'm warning you, don't go up there* –
and just for that, we did.
No one will ever see us again,
not even our nearest and dearest.

2.21.1995

* * *

A já nikdy k tobě nepřistoupím
s úmyslem políbit ti ruce
a políbit ti nohy, muselo by to být jinde
a já nikdy k tobě nesmím zašeptat
a nemohu si s tebou řádně promluvit;
taková nedosažitelnost muže ztýrá
jak dlouhá nemoc; nic od ničeho není možné.
Nic od ničeho není možné, a co hůř,
ty se to nikdy nedozvíš,
vůbec nesdílíš, co vůči tobě mám,
nikdy nic se nestane a tak,
ačkoli-li dosažitelná v prostoru
jsi nedosažitelná v touze
která ve mně začíná hořet
a k tomu pomyšlení, že valem stárnu
a že je všechno úplně k ničemu.
Jak jsi krásná a prostá,
jako Mirjam, chodící v náruči s nemluvnětem
po Israeli.

24.II.1995

*   *   *

I'll never come to you
with the intention of kissing your hands
and your feet. It will have to be elsewhere.
I'll never dare whisper to you
and I can't have a proper chat with you.
Being so out of reach tortures a man
like a long illness; nothing can come from nothing.
Nothing can come from nothing and what's worse
you'll never know,
never ever share what I feel for you.
Nothing will ever happen and so
even if you're within reach in space,
you're out of reach in the desire
beginning to burn in me,
and besides, I'll be old soon
and it's all completely for nothing.
How beautiful and modest you are
like Miriam, with an infant in her arms, wandering
through Israel.

2.24.1995

*　　*　　*

Všimni si kriminality křesťanství,
nesnesitelnosti islámu, kalužiště hinduismu,
vyvoď z toho důsledky, smeť harašiště – ismů
odmítni zcizené vědomí, směs zbabělství a strachu,
poslyš jak z pytlů vytéká milión zrn hrachu
jak tě to ničí, svazuje tvé vědomí,
zavléká v sít fikcí, mezi petrohradské domy,
snaž se umět být sám a přijmi tento úděl
hrdé samoty, stůj na reálné půdě,
sečti všechna neštěstí, jež náboženství,
toto zženštilé mužství, zmužnělé ženství
bez pohlavnosti obou mrzačilo skutečnost,
nahrazovalo ji a zkreslovalo, odkazovalo na výhost,
jakoby všeho, pekla, očistce a ráje
nebylo TADY dost, hle, zločinná přesmyčka,
jež se ti v usínání klade na víčka,
zatímco si zasluhuješ, jak přivívaný vánek
to nejkrásnější, dobrý zdravý spánek.
Povšimni si všech těch zločinů na duchu,
povšimni si velikosti vanoucí ze vzduchu.-

26.II.1995

*   *   *

Take heed of Christianity's atrocities
Islam's intolerance, the cesspool of Hinduism
Make what you will from this – a speck of the harassing
    heap – of isms
Reject your alienated conscience, its combo of cowardice
    and sins,
Listen to the sack spilling peas by the millions
How it constricts your conscience and makes you upset
and drags you around the houses of Petersburg in its net
Try being alone, take on proud
isolation as your lot. Stay on real ground.
Add up all the sorrow religion is,
the sissy manliness, the butch feminine,
sexless, reality crippled by both,
distorted, subverted and put off
as if there weren't enough hell, purgatory and paradise HERE.
Behold the anagram of misdeeds
that hangs on your lids as you feel your fatigue
while you deserve sleep that's healthful and sweet,
most gentle of all, a rejuvenating breeze.
Take heed of each of the spirit's sins
Take heed of the greatness blowing in the wind. –

2.26.1995

*　*　*

Ano byl to ráj, a ovšemže nebyl,
byl to ráj jen ve tvých chlapeckých očích,
zatímco odtud třitisíce kilometrů na Východ
probíhal hladomor, a to inscenovaný.
Tys tenkrát ani neznal výraz Hřích
Proti Duchu Svatému, a toto byl jeden z nich
a svět byl vyskládán právě z nich, z nekonečných miasmat
a na tom dnes, kdy už jsi stár, se pranic nezměnilo
a když se změnilo, pak jen k horšímu.
Je to zoufalé, ale ty ses rozhodl
těch pár let dožít, dožít až k hořkému konci,
neboť jsi pochopil, že sebevražda je vražda.
Bůhví, že nechceš už nic
vyjma toho, aby ti přestaly bolesti,
které tě po dva roky sužují
od rána do večera a zdá se,
že není odpomoci. Jen ženy
stále se ti ještě líbí a nevímco bys dal za to,
aby vůči tobě některá projevila byť hnutím malíčku
erosexuální iniciativu, zatímco ony
se ti vyhýbají tajuplným obloukem.

27.II.1995

*   *   *

Yes, it was paradise and, of course, it wasn't.
It was paradise only in your boyish eyes
as three thousand kilometers to the east of you
famine raged, a staged one at that.
At the time you didn't even know the expression "A Sin
Against the Holy Spirit" and this was one of them
and the world is made out of just these sins, from
        endless miasmas
and now that you're old, nothing's changed at all.
And if it has, then it's only been for the worse.
It's hopeless, but you've decided
to live out these few years, live until the bitter end
because you've realized that suicide is murder.
God knows you don't want anything any more
except for the pain that's been plaguing you
for two years from morning to night to cease and it seems
there's no relief. Only women
still appeal to you and you don't know how
to get one to show you the slightest sign
of erotic initiative as she mysteriously swerves
to avoid you.

2.27.1995

* * *

Běžel jsi vždycky přes celou zahradu
kde stával jen tobě známý strom,
zatřásl jsi jím a snesl se na tebe
zlatý déšť, byly to mirabelky.
Sbírals ty plody z trávy a přecpal se jimi tak,
že se obligátně dostavil svatý průjem.
A nedaleko od tohoto stromu stála košatá jabloň
nesoucí ušlechtilé plody, zvané Calvill
a tys je chodil koštovat a polookousané
zahazoval do křišťálové trávy.
S úděsem se přistihuješ, že tyto obrazy
živě v tobě zmírají už přes šedesát let.
A chápeš přimrazeně, že žít sedmdesát let
je nestoudnost, že muž má umírat
v pětačtyřiceti, trefen na procházce doprostřed čela
mikroskopickým meteoritem a žena
že má umírat v pětatřiceti
v napůl rozvité pivoňce milování.

27.II.1995

*   *   *

You always ran clear across the garden
to a tree that only you knew existed.
You shook it and golden rain
fell on you. They were Mirabelles.
You picked the fruit up from the grass and stuffed yourself
        with so many
that you got a holy case of the runs.
A spreading apple tree stood not far from the pear,
bearing the noble fruit called Calville.
You went sampling them, throwing
the ones you'd half-eaten into the luminous grass.
You realize in horror that these images
alive in you are dying after more than seventy years.
And it chills you to realize that living seventy years
is an impudence, that a man should die
at thirty-five, while on a walk, struck between the eyes
by a microscopic meteorite and that a woman
should die at thirty-five
in the half-opened peony of sex.

2.27.1995

*   *   *

Žil ustavičně mozkem a když jím nežil,
tak se zas opíjel. Opil se v životě nejmíň
devětsetkrát, to se dá propočíst.
Mohl si dovolit toto dvojí peklo,
celá bytost souhlasila a napovídala:
máš na to, jdi ohňovou stěnou!
A teď, na hraně let, na ostrohu a srázu
ví, že to všechno byla matka, a že ani ona
za to nemohla. Už je to spousta let.
Ale stále cítíš trpké zadostiučinění,
že ona už se nikdy nezjeví,
zatímco by sis srdceryvně přál,
aby se za ní tiše otevřely dveře
a jimi vstoupil on, zaživa celkem bezbarvý,
ale aby to byl on, kdo by vstoupil
a ty bys jej objal, beze smítka strachu,
že tu jde o pouhý přízrak!

27.II.1995

*　*　*

He eternally lived in his head and when he didn't
he got drunk again. In his lifetime, he's gotten drunk
nine hundred times. You can do the math.
He allowed himself this dual hell.
His whole being consented and egged him on:
You can do it. Go through the wall of fire!
And now, on age's ledge, its promontory and precipice,
he knows it was all his mother's fault and even she
wasn't up to it. It's been many years now.
Yet you still feel a bitter satisfaction
that she'll never show up again,
while, broken-hearted, you wish
that the door would quietly open behind her
and he'd enter in the flesh, completely drained of his color.
But for him to enter
and you to embrace him without a shred of fear,
it has to be a mere ghost!

2.27.1995

* * *

Řeknu-li bezútěšnost, spíš než tento svět
míním kosmos, který se donekončna rozpíná
což je deprimující jak lavina
která rovněž od sebe na vše strany prchá,
rozkotaná neúprosná sprcha.
Řeknu-li bezútěšnost, spíš než na vesmír
myslím na tuto zem, která nekonečně
z války jde do války po konspirační tečně.
Na kaluž Kalkuty, nějaký Azerbajdžán,
kde poslední hovna prší na stan
na Afghánístán pár let po invazi,
na děti zmrzačené Sověty, na všechna guasi,
jimiž jsme přehlceni, takže, to známe,
už ani samy sebe nerozeznáváme.
Válku chaosu, co nezná logiku,
spíše než na hruď ruku na dýku
a zabíjet! ne vraždit! zabíjet do jednoho,
pána z tribuny i kdejakence toho.

27.II.1995

*   *   *

When I say desolation, I don't mean this world
but rather the cosmos that forever expands
bleak as an avalanche
flying from itself in all directions,
a shower that's scattered, yet relentless.
When I say desolation, I'm not thinking of the universe
but rather the earth that won't relent
traveling from war to war on conspiracy's tangent.
Of a Calcutta sewer, some Azerbaijan
where, on a tent, the last shit's raining down,
Afghanistan a few years after the invasion,
the children maimed by the Soviets, every sort of contagion
we've gorged on until we apprehend
that we can't tell each other apart in the end.
Of war's chaos that knows neither reason nor rhyme,
instead of touching the breast, the hand on the knife.
To kill! Not to murder! To kill someone or other
the man of consequence as well as some lowly commoner.

2.27.1995

*   *   *

Chtěl bych se rozloučit, a to se všemi
kteří mne milovali i s těmi, jimž jsem byl protivný
a hlavně s těmi, kterým jsem maně ublížil,
nikdy úmyslně; byla to nátura vášnivá,
která mne hnala proti vůli
k ouřekům nepříčetnosti, ve kterých kvůli
mocnostem, proti nimž nic nesvedu,
hnaly mne do ostnáčů nohsledů,
lapačům pouhých slov, i těm se omlouvám,
protože dech se ouží, a jsem tíže sám.
Loučím se s Čechami, zemí milovanou,
dnes odsiřelou ode všeho, stranou
velkého světa, který zradu kuje
ledovec utrpení vždycky podepluje
a vyvlékne se ze všeho, i z evidence zla,
i zde se chrání krytem zbabělým,
zaskočí chudé, na vše nasere
a jde si po svých, kdo to vypere?
Venku hustě sněží. Má marnosti, má pýcho,
sněžení přivanuje husté ticho.

28.II.1995

*   *   *

I'd like to say goodbye to everyone
who loved me, even the people I was nasty to
and, above all, those who I hurt by accident,
never on purpose; it was my passionate nature
that urged me on against my will
to utter these crazy slips of the tongue.
While I'm in their power I can't fight them.
They've driven me into the clutches of henchmen,
the mitts of mere words. I'd even beg for their forgiveness
because it's hard to be alone and I'm short of breath.
I'm saying goodbye to Bohemia, my beloved land
cleansed of its toxins now, at the end
of the great world that suckles deceit,
misery's iceberg floating always beneath
dodging it all, even the proof of its evil.
It hides here in a cowardly mantle,
waylays the poor, fucks everything up and then
goes about its business. Who's going to wash it clean again?
Outside the snow's falling fast. Oh, my vanity, my pride,
the blizzard blowing silence, deep and wide.

2.28.1995

*   *   *

V nedohledných slojích mrtvol rozeznáváme
jen obrovské nápisy Hnědí Černí Žlutí Bílí
nápisy á la Sirkárna Solo Sušice Mrděva Náchod,
orientace těžká, nic tu nepáchne, jen vzduch je zatuchlý,
nelze označit: tento národ vraždil víc než onen,
všechno se pomíchalo všichni mají máslo na hlavě,
šimy botky šimy botky na kalhotech štráf,
všechno v pořádku jenom já bych chtěl třímat
ve vztyčené pravici napuklé poupě pivoňky
jenom já bych zpozdile chtěl třímat v druhé ruce
transparent s nápisem Všeobecná poesie
a ve třetí ruce transparent s nápisem Nezádržná Revoluce,
finální, která všechno rozřeší
za cenu tří miliard mrtvol
za cenu tří miliard mrtvol
které zmizí, jak zmizely tyhle –
žádná velká škoda.

5.III.1995

* * *

In the vast layer of corpses we can only make out
the gigantic signs: Brown, Black, Yellow and White
signs such as The Sušice Solo Factory, Náchod's
    Whore-damsel Works.
The exact spot's difficult to locate. Nothing stinks there,
    only the air is rank.
It's impossible to say one nation has killed more than next.
Everything's gotten mixed up. Everyone has a skeleton
    in his closet,
shimmy shoes, shimmy shoes, britches with piping.
Everything's a-ok. I'm the only one who wants to hold
half-opened peonies in my extended right hand.
I'm the only one who, like a moron, wants to hold a sign
that says Universal Poetry in the other
and, in the third, a sign that says Unbridled Revolution,
the final round that'll decide it once and for all
at the price of three billion corpses
at the price of three billion corpses
that'll vanish just like these –
no great loss.

3.5.1995

* * *

V pravé poledne začalo hořet obilní družstvo,
pytle mouky vysoko vyletovaly
nad požárem proděravělou střechou.
Po šedesáti létech mně utkvívá cosi osudového,
neodvratného – a neodolatelného. Taková
je fascinace ohně. My, celá rodina
jsme věci přihlíželi z balkonového pokoje,
nijak a ničím neohroženi. Civěli jsme a civěli, zážitek
      byl tak silný
že dodnes cítím neskutečnou vinu,
spočívající v neštěstí a přihlížení tomuto neštěstí.

*   *   *

At high noon the grain cooperative caught fire,
sacks of flour flew high
above the blaze through holes in the roof.
After sixty years, I'm haunted by something fateful,
inevitable – and overpowering. Such
is the fascination of fire. My whole family and I
watched the thing from the balcony,
out of harm's way. We stared and stared. The experience
        was so powerful
that to this day I still feel irrational guilt
made up of the disaster and my having witnessed it.

*   *   *

Přítomnost, minulost, budoucnost
tré rozpaků nad úchopem věčna:
ale jsme mravenci
mohoucí každou hodinou být rozdrceni dopadem tlapy
i musíme se podřídit,
tj. zařídit po svém. Zařídit se
rovná se však podřídit se.–

Zač. září 1996

*   *   *

Present, past, future
the trio of contradictions under the grip of eternity:
but we're ants
who can be crushed by a paw dropping on us at every hour
and we have to give in –
that is, conform. But to conform
is the same as giving in. –

Beg. September 1996

*   *   *

Peklo v hlavě v posteli jedovatý plaz
do dveří se dere kajman, kulečník v Mnichově
už by tam netrefil
ta smrtná komédie, ano, v hlavě peklo,
hypnotika, nemožnost usnout,
spánek mu ruší slovácké čardáše
a představa jak jej objímá krásnýma nohama
a to se byl obligatorně pomodlil Otčenáš
napřed latinsky, pak česky.

20.IX.1996

*   *   *

Hell in his head, a deadly reptile in bed,
a caiman scrabbles to the door. He can no longer find his way
to the pool hall in Munich.
The deadly comedy, yes, hell in his head,
a sleeping-pill, the impossibility of dropping off.
A Slavic czardas disturbs his sleep
and the fantasy clasps him in its beautiful legs
even though he'd said the mandatory Our Father
first in Latin, then Czech.

9.20.1996

*   *   *

Co si mám myslit o svém (i tvém?) Bohu,
  jestliže nechal svého jediného syna –
nadto účelově jím seslaného na tento svět –
v nejzoufalejších chvílích jeho nikterak dlouhého života
v nejzoufalejších chvilích na potupném popravišti –
prostě ve štychu? A Kristus mu to také verbis expressis
vytkl, zeptal se po povaze jeho počínání ...
ale ani tato hnusná očividnost jim nestačila,
nakupili legend o vyvaleném hrobě
a jak ho už po jeho smrti spatřili v Emauzích,
ano, vymysleli to všechno rafinovaně,
člověk těm smyšlenkám znovu a znovu podléhá,
aby ho znovu a znovu rozchvacovala skepse
víc než oprávněná...
To všechno visí na pavouše víry... jenže, když už jste schopen
konu tak absurdního, jakým je víra,
pak už málo záleží na tom,
v co a v koho věříte.
Viděl jsem celé veliké i menší národy
  věřit v Adolfa Hitlera a v Josipa Vissarionoviče,
jak se oněm masovrahům
válely u nohou, jak ječely, jak ruské děvky
vypínaly kozy pod mausoleem, jak křičely:
Staline, radosti ty moje! zatímco on se omezil
na lenivý pohyb pravičky
přikládalé k čepici s kšiltem
a na plánování dalších vražd.

*   *   *

What should I make of my (and your?) God
given the fact he abandoned his only son –
the one deliberately sent to the world for them
in the most wretched moments of a life, by no means long,
in the most wretched moments on the abject
    execution ground,
simply left in the lurch? And Christ also *expressis verbis*,
reproached him, questioning the nature of his deed...
but even this shameful display wasn't enough for them.
They amassed legends about his breaking out of his tomb,
that they'd seen him in Emmaus after his death.
Yes, they thought it all up so artfully.
Time and again man falls prey to these myths,
so that, time and again, doubt takes hold of him
more than it's called for...
All of this hangs on the cobweb of faith... but just when you're
finally up to
an act as absurd as faith,
then it matters little
in whom and what you believe.
I've seen all nations, great and small,
believe in Adolf Hitler and Josip Vissarionovich.*
They threw themselves
at the mass murderers' feet, screeched like Russian whores,
stuck out their tits beneath the shadow of his mausoleum,
    as they cried out:
"Stalin, you are my joy!" while he confined himself
to lazily cocking his right hand
to the peak of his cap
and planning the murders still to come.

* *Stalin*

IVAN DIVIŠ

*   *   *

Kde byl v té chvíli Bůh –
proč nezasáhl?
Lze ovšem namítnout, že zasahovat nemínil,
on který má na starosti celý vesmír...
Nechápu...
Čeho se mohu nadít já, člověk bez velikých zásluh,
čím se vykázat? Chci k Kristu,
ne k tam tomu.

20.IX.1996

*   *   *

Where was God at that moment –
why didn't he intervene?
You can argue, of course, that he didn't deign to intervene
since he was in charge of the entire universe...
I don't get it...
What can a man like me, who has no great merits to speak of,
show for myself? I want to go to Christ,
not the guy over there.

9.20.1996

* * *

John Keats a Percy Bysshe Shelley
spočívají vedle sebe na jediném protestantském hřbitově
    v Římě
a já ležím s nimi a uprostřed nich,
s nimi v jistém slova smyslu,
uprostřed nich doslova...

20.IX.1996

*   *   *

John Keats and Percy Bysshe Shelly
are resting side by side in a the only Protestant
        cemetery in Rome
and I'm lying with them and in between them,
with them, in a certain sense of the word,
in between them, literally...

9.20.1996

*   *   *

V mém sametovém křesle nonšalantně rozvalen
hoví si Wolfgang Amadeus, nohu přes nohu v bílých
hedvábných punčochách a zlatých střevících
Ptám se Vás už po páté, jak jste k tomu přišel?
Ale pane, Bůh mi to prostě vesral do hlavy
a nebýt mého otce byl bych v příkopě,
umíral bych v pankejtu u Nového Strašecí
No dobře, Vám se musí všechno odpustit
i ta nenáležitá mluva, holkaření a chlast
prostě všechno, vás jedině zabít, ovšem já,
já u toho nebyl,
já byl jen při tom aniž jsem byl V TOM!
ale jděte, *Gehen Sie mit Gott*
aber gehen Sie –

20.IX.1996

*   *   *

Wolfgang Amadeus relaxes stretched out casually
in my velvet armchair with his legs crossed,
wearing white silk stockings and gold slippers:
I'm asking you for the fifth time, how'd you think of that?
But, Sir, God fucking put it into my head
and I'd be in the gutter but for my father,
I would have died in a ditch by Nové Strašecí.
Well, okay, one has to forgive you for everything,
even the bad language, whoring and boozing,
simply everything, or strike you down. But as for me,
I wasn't there,
I was around, but I wasn't IN ON IT.
Now get going, *Gehen Sie mit Gott*
*aber gehen Sie** –

9.20.1996

* *Go with God, but go.*

* * *

Jak na svět přicházejí
tak z něho odcházejí.
Dívej se ze strany na žence.
Ráz – a tráva leží řadem.
Lidstvo promarnilo dějiny
koumáním o tom, co je po smrti,
nevymýšlelo si
bylo to všechno ze strachu a nedorozumění.
Uražení a ponížení!

*   *   *

The way they come into the world
is how they leave it.
Look at it from the point of view of the harvest.
One fell swoop – and the grass is lying in a row.
Humanity has whiled away history,
pondering over what there is after death.
It hasn't thought it through.
All has been from fear and misunderstanding.
Slander and humiliation!

IVAN DIVIŠ

* * *

Jestliže jsme byli krutě podvedeni,
nic se o tom podvodu nedozvíme.
Vím, je nepředstavitelné nebýt,
bylo by to však nicméně představitelné,
nebýt stesku.
Ale všechno vymizí – i láska,
ač je to srdceryvné.
Stěžovala sis mně, sestro.
Nic se o krutosti podvodu nedozvíme.
Na tos neřekla už nic.

20.IX.1996

*   *   *

If we've been cruelly conned,
we learn nothing about the scam.
I know it's inconceivable not to be,
all the same, it would be conceivable,
but for nostalgia.
But everything fades – even love,
heartbreaking though it is.
You've bitched about me, Sister.
We learn nothing of the scam's cruelty.
About that, you still haven't said a word.

9.20.1996

*   *   *

Holan recituje na pásek svou Noc s Hamletem
a recituje špatně, nedovoleně si přidává,
v textu to není a básníkovi akcenty
jsou nepřiměřené. Ale ty, když to posloucháš,
mu odpouštíš, dokonce se pochechtáváš
a přiznáváš si, že si to celé pouštíš
vlastně jen pro jedno notorické místo
totiž pro ono: I kdyby nebylo Boha...
Už když jsi to před léty nasucho čítal v knize,
pochopils, že toto místo je těžištěm i vrcholem
celé skladby. A teď,
teď toto místo smíš slyšet jeho vlastním hlasem!
Jak podivné, že nám to zprostředkuje technika,
táž, která nás jednou spolehlivě zahubí.

20.IX.1996

*   *   *

Holan recites his "A Night with Hamlet" on tape
and does a bad job. He adds words
for no reason and his poetic flourishes
are excessive. But when you listen to it,
you forgive him. You even chuckle
and confess you play the whole thing
just for the sake of one notorious spot,
namely this – Even if God didn't exist...
When you glanced over it over many years ago,
you knew even then that this line is the heart and culmination
of the entire piece. And now,
now you can hear it in his own voice!
How ironic that technology acts as our go-between,
the very thing that one day's bound to destroy us.

9.20.1996

*   *   *

Život a dílo básníka by se neměly oddělovat,
básník by se měl podávat lidem takový, jaký je v s k u t k u,
se vším svým utrpením, prasárnami,
dobrými skutky, skromností i naopak haurstvím,
to všechno by se mělo hlasem zveřejňovat na náměstí,
odkud bychom z davu zaslýchali tu smích, tu řehot,
tu jásot i potlesk;
nečiní-li se to,
dochází později k pomluvám a vyvýšenostem,
kde obojí vede ke změnám ve vědomí lidí,
kouřově se v něm kotoučují a vyspirálují mýty,
ale právě z mýtu falešně žijí národy,
které se pak zákeřně vrhají na národy sousední...

21.IX.1996

*   *   *

The poet's life and work should not be parted.
The poet should give himself to the people as he *really* is,
with all his suffering, piggishness,
good deeds, modesty, and, even, swagger.
All of it should be announced publically in the square
where we can hear the laughter and snickers from the crowd,
the shouts and applause:
If it isn't –
insults and conceit will ensue,
both leading to changes in the people's consciousness
wherein myths whirl and spiral like smoke.
But nations live off this very myth, nations
who, with treachery in their hearts, then fly upon
     their neighbors...

9.21.1996

* * *

Jak je možno zastavit pokračující zkázu,
jaké jsou hodnoty, o něž má člověk a společnost usilovat
aby byl zachován a obnoven Řád?
Tot Konfucius.
Pupkatý Buddha s očičkama zalitýma sádlem
brouká: vyhnout se bolesti a hledět,
kde tesař nechal díru.
Sokratovým hlavním povoláním bylo obtěžovat lidi na agoře
a klást jim úkladné otázky.
A Platón, který jeho počínání a pouliční rozmluvy zapsal
nám jej zachoval, jenže vykazuje fašistoidní rysy
požadavkem vyhnání básníků z obce
a sklonem stranit euthanasii.
Ne, nejde nic. A tak tu strmí ohnivý sloup Kristův
s jeho Zmrtvýchvstáním
o němž, alas, alas! nemáme sebemenší důkaz,
natožpak průkaz. O čem se nemůže mluvit,
a tom se musí mlčet, pravil Wittgenstein,
a tak jsem vydán fantasmagoriím,
přízrakům promítaným na zeď pražské
či newyorské podzemky
a jak se vagóny natřásají
jobovsky ve mně jsou roztřeseny
všechny kosti.

21.IX.1996

*   *   *

How to put an end to the continuing destruction,
what values should man and society strive for
to preserve and restore the Order?
That's Confucius.
The pot-bellied Buddha, his tiny eyes half-shut by fatty lids,
coos: steer clear of pain and find
a convenient loophole.
Socrates's chief mission was to bug people in the public square
and ask them trick questions.
And Plato who recorded his deeds and side-walk speeches,
preserved them for us, only he showed his fascist side
by calling for poets to be banished from the state
and his fondness for euthanasia.
No, it's no use. And so Christ's fiery column towers here
with his Resurrection
of which, alas, alas! we haven't the slightest evidence,
let alone proof. Proof you can't speak about –
proof, you have to keep it to yourself as Wittgenstein said.
And so I'm given to phantasmagoria,
phantoms projected on a wall in Prague
or in the New York subways
and as the cars rattle,
Job-like, all my bones in me,
are shaken up.

9.21.1996

*   *   *

Proč to všechno, proboha, a k tomu zde?
Protože je člověk vybaven nedostatečně,
něco mu naprosto chybí, každý to tuší,
rozvinutější to dokonce i vědí,
ale jak tušící tak vědoucí
onen nedostatek nejsou s to
přesně pojmenovat.
Nikdy se neloučí, což mu zjednává právo,
jakés takés právo
kdykoli znovu smět k vám přijít
a poprosit o teplou polívku a postel...

21.IX.1996

*   *   *

Why all this, for God's sake, and especially here?
Because man hasn't been sufficiently endowed,
he lacks something. Everyone suspects it.
The most advanced of us even know it.
But neither those who suspect
nor those in the know
can pinpoint precisely just what it is.
He never lets go of anything that gets him his due,
due of a kind,
whenever he's allowed to drop by your place again
and ask for warm soup and a bed...

9.21.1996

*   *   *

V okamžiku, kdy jsem na policejním presidiu München
otevřel ústa a řekl úředníkovi:
ich möchte mich samt meiner Familie
um Asylum in der Bundesrepublik bewerben –
úředník „změnil tvář", jak mně se zdálo, drobet pobledl
a řekl: to je ovšem něco jiného,
aby z opačného konce stola vytáhl příslušný papír,
věřte si nebo nevěřte,
pokoj se změnil přítomností andělů,
nezměnil barvu, to jsem neřekl –
řekl jsem, že se celý změnil
a venku se rozhlaholilo zvonobití
všech mnichovských kostelů a chrámů –
není jich zas tak příliš mnoho –
ale rozezvonily se, svými houpavými srdci
rozechvěly protější stěnu zvonoviny
a pak, že nejsou znamení,
ale ano, jsou a je jich spousta,
jenže my je nedokážem rozluštit,
není nám to dáno.

22.IX.1996

*   *   *

The minute I opened my mouth at police headquarters
    in Munich
and said to the official:
ich möchte mich samt meiner Familie
um Asylum in der Bundesrepublik bewerben * –
his expression "changed." He seemed to grow slightly pale.
"Of course, that's another matter altogether," he said
and he snatched the form from the other end of the desk.
Believe it or not,
the room was transformed by the presence of angels.
I didn't say it changed color –
I said it changed completely.
Outside all the bells
of Munich's churches and cathedrals rang out–
and there aren't that many of them, besides –
but they rang out, vibrating
side to side, struck by their swaying hearts
and then, they're not a sign,
but yes, they are, an there're lots of them
Only we're not up to deciphering them.
We haven't the gift.

9.22.1996

* I would like to request asylum from the Federal Republic of Germany for
me and my family.

*   *   *

Kousek za Železnou rudou,
kousek od pankejtu trčí cedule
s indikací: ONEN SVĚT –
tak jaképak pocity mohu chovat ke staré vlasti –
– existuje přece slovo vlast a   m u s í
něco znamenat, ano, m u s í
ale opakuju, jaké pocity mám po dvacetileté nepřítomnosti
vítá-li mne touto h r o z b o u
a zůstane-li to t a k, tj. nevysvětleno,
může to taky v citlivém srdci znamenat h r o b,
ano hrob, a pak nejdobrodružnější pouť
na onen svět
kde všechno černě létá
a můj korpus klove...

22.IX.1996

*   *   *

Just outside Železná ruda,
a bit beyond the town limits, a road sign
points the way to HEREAFTER* –
So what kind of feelings can I still hold for my former homeland –
– after all the word homeland exists and it *must*
mean something, yes, it *must*.
But I repeat – what feelings do I have after twenty years of
    absence
if it welcomes me with *this horror*
and if it remains that way, i.e., unexplained,
it can also, to a sensitive heart, mean the grave,
yes, the grave and thereafter the most adventurous pilgrimage
in the hereafter
where everything dimly flies
and picks away at my corpse...

9.22.1996

* *Onen Svět is a town whose name literally means "the otherworld" or "the hereafter"*

IVAN DIVIŠ

*   *   *

Běda tomu, kdo je nerespektuje
A nalicho se domnívá, že ho není!
Ale co tedy jest vlastně tajemství?
Ach, třeba tvá ruka, jak mne hladí,
ach, třeba jezero Titicaca
ach, třebas tvé halucinace
a moje halucinace, jakože jsou dvoji:
nepravé a pravé, skrze něž mne vidíš
jako pythona anebo pravěkého nosorožce,
an se řítí koridórem kliniky
a chce tě nabrat na kel.
Proto ty, v liché sebeobraně,
útočíš na mne,
který dosud poklidně seděl na své židli
a zděšen teď přihlíží...

24.IX.1996

*   *   *

Woe unto him who doesn't honor them
and wrongly assumes he doesn't exist!
But then what exactly is mystery?
Ah, let's say, your hand caressing me.
Ah, let's say, Lake Titicaca.
Ah, let's say, your fantasies
and mine since they're a duo:
false and real. You see me through them
as if I were a python or prehistoric rhino
careening down the clinic's corridor
out to gore you on his horn.
That's why, in empty self-defense,
you come at me, the guy
thus far sitting peacefully in his seat
who now looks on in horror...

9.24.1996

Steve Hawking

Chtějí teorii všeho, tj. chtějí sadu rovnic,
a nichž by se dalo vyčíst vše, co a kde se právě děje
v nesmírném veškerenstvu.
Ne, ne že bych byl proti tomu, ne
že bych jim nepřál dosažný úspěch, provázený
burácením triumfu,
ne, že bych si nepřál poznat Steve Hawkinga
ne, že bych si nepřál poznat Paula Daviese,
ne, že bych si s nimi nepřál pohovořit
u skotské a borového dříví,
ale obávám se, že onou sadou nepostihnou člověka,
tuto spanilou nestvůru, tohoto ožralého netvora,
vzpěrače břemen, milovníka,
což je umění ze všech nejlacinější.
Přál bych si obecnou teorii člověka,
kterou by bylo možno vysvobodit ho
ze sebe sama, vytáhnout jeho útroby
přes přepážku vlasů a poručit mu,
aby se choval slušně, a to i tenkrát
kdyby nebylo Boha. A poručil bych,
aby umění básnické bylo rovnomocně uznáno s úsilím jejich
co víc, aby kralovalo i astronomii, a to proto,
že, je-li dobré, útočí přímo na srdce,
jde těsněji na tělo,
zatímco teorie všeho je mráz a led,
takové, jaké nacházíme v kosmu. –

2.X.1996

Steve Hawking

They want a theory for everything, that is, a set of equations
where you can chart everything, what and where it's actually
    happening
in the immense universe.
No, it's not that I'd be against it,
that I wouldn't wish them success accompanied
by a triumphant roar,
nor that I wouldn't want to know Steve Hawking
nor that I wouldn't want to know Paul Davies,
nor that I wouldn't want to chat with them
over a scotch by the fire.
But I'm afraid this set of theirs won't capture man,
this charming creature, this drunken monster,
weightlifter of burdens, the lover
whose art is cheapest of all.
I'd wish for a general theory for man
that could free him
from himself, to stretch his guts out
over the barrier of his hair and demand
that he behave himself even if
God doesn't exist. And I'd demand
that the art of poetry be recognized the same as their efforts,
what's more, that it rule over astronomy because
when it's good it strikes right at the heart,
traveling deep into the body,
while the theory for everything's frost and ice,
the likes of which we find elsewhere in the universe. –

10.2.1996

*   *   *

V mém celém díle
není jedna jediná básen milostná
tj. okadívání ženy. Jen v Umbrianě je text,
který takto může býti vyložen,
jenže má povahu metafyzickou,
ne tělesnou a směřující ke koitu.
Jak a kde to skončí?
vezmeme-li v potaz moji náturu?
Já nevím! Já to nevím!
Patrně věc padne jak odhozený šutr
a zůstane tam ležet, ačkoliv i ten
je součást veškerenstva.

2.X.1996

*   *   *

There isn't a single love poem
in my entire body of work,
that is, eyeing a woman. Only in *Umbriana* is there a text
that could be interpreted that way,
but it's metaphysical in nature,
not carnal and directed at sex.
How and where will it end,
if we take my nature into account?
I don't know! I just don't know!
Clearly, the matter will drop like a stone that's been
      tossed away
and stay lying there, even though it, too,
is a part of the universe.

10.2.1996

IVAN DIVIŠ

Pomsta

Hejholahou! Pomsta za můj život
za život mé ženy, za všivotu Čech
pomsta za cokoli hne se
v neprostupném standforském lese
pomsta za nemocné, za všechny vězněné
pomsta bodat dýkou do čirého pramene
pomsta za koleje nedbale položené
pomsta za malé i za úkladné bene
pomsta za první i za poslední
pomsta za klid právě o poledni
pomsta za Boha, který nás pořád straší
svými postihy, to raděj satanáši
dát život, statky i tu zemi vplen,
ono se to pročistí a vzejde nový den
pomsta za hrůzu, že existuje Rusko
ta nekonečná stepostep, ze které jde úzko
pomsta za Afghánístán, tento hřích proti Duchu
pomsta za Tibet bez vody, mystický střed,
pomsta za všechno, co není kazijed...

2.X.1996

Revenge

Hey ho there! Revenge for my life
for my wife's life, for the lousy Czech Lands
revenge for whatever races without rest
through Standford's dense forest,
revenge for the sick, for all prisoners
revenge striking a dagger into the spring's clear waters
revenge for the rails haphazardly laid
revenge for the meek and the ones who've got it made
revenge for the first and the last one, too
revenge for the peace that comes at high noon
revenge for God who terrifies us day and night
with plagues. It's better to hand your life,
property and the country over to Satan:
they can be cleaned up and day will dawn again.
Revenge for the horror that Russia exists
the anxiety over the steppe's endlessness.
revenge for Afghanistan, this sin against the Spirit
revenge for arid Tibet, the mystical locus,
revenge for whatever cannot cure us...

10.2.1996

*   *   *

Život máslo na hlavě
zivot za trest
život ze zásady nepotrestaný zločin
život znásilňování řádových sester
adhaesit in terram venter noster
život Alexander Solženicyn
přednášející bramborám v Irkutsku
život Charkov postavený ze sazí
život bloudění vulkanickou Kamčatkou
jeden vulkán červený, druhý žlutý, třetí modrý
život neroztržitelný řetěz chyb
život neschopnost poučit se z minulosti
život aritmetika komára
integrální počet vší
neskonalá bída oblečených v morové cáry
život vyrabovaný Tibet
život nekonečný počet písem všech abeced
vysázených naprosto marně
život kláda v očích
život bývalé kvetoucí statky
život požehnaná úroda
život průser tohoto národa
shnilé brambořiště indolence
život popatři na milence
pět minut před aktem jak jí trhá punčochy
do měkkého do černého do sochy
život výsměch tam kde dovolen je smích
život nedobytně polygonálního zdiva
život plachtící kondor co nudou zívá

*   *   *

Life skeletons in the closet
life as punishment
life as its basis crime unavenged
life the rape of convent nuns
adhaesit in terram venter noster*
life Alexander Solzhenitsyn
lecturing to the idiots in Irkusk
life Charkot erected out of the ashes
life wandering around Kamchatka's volcanoes
one red, the next yellow and the third one, blue
life a chain of errors that can't be torn asunder
life the inability to learn from the past
life the arithmetic of the mosquito
the integral sum of lice
the infinite poverty of those covered in pestilent rags
life plundered Tibet
life the endless sum of letters in all alphabets
typeset completely in vain
life a wood beam in the eyes
life the burgeoning assets of days gone by
life the blessed harvest at its peak
life this nation that's up shit's creek
the rotting potato field's torpor
life catching a glimpse of the lover
who rips his mistress's hose off just before sex
and goes into her softness, darkness and statue-like coldness
life ridicule wherever laughter's allowed
life the impregnable polygon walls
life the condor in flight who out of boredom yawns

* *From Psalm 43 – our bellies cleave unto the earth*

život pípání stehlíka hýkání oslíka
život podlé ukrutenství
zda-li mužství anebo ženství
život podlá intrika co se ráda vidí
život první děvčátko jež doruda se stydí
a vzbouzí chtíč
Za chvíli je všechno pryč
život absolutně nepřemožitelný
vrhaný koksem do kotelny

19.XI.1997

life the finch's twittering, the ass's hee haw
life cruelty most loathsome
be it by man or woman
life the vile intrigue you're delighted to see
life the first girl who blushes from purity
and sexuality stirring
All of it gone in only a twinkling
life absolutely victorious over all
flung into the fire like a mere lump of coal

11.19.1997

* * *

Tragika básníka tkví v nedorozumění
mezi podstatným a zanedbatelným:
básník učí lidi podstatám, a co je důležité,
tomu, co je skryto uvnitř skutečnosti,
ano, on je učitelem nezvedených dětí,
které se sápou po lízátkách, cetkách, autech
zatímco vyučování je neoslovuje.
Co po nás chce ta komická postava?
Zatmění slunce, válka právě nastává.
Města se hroutí, přežívají v nich
jen vegetariáni sebe samotných...

26.XI.1996

*   *   *

The tragedy of the poet lies in the misunderstanding
between the fundamental and trivial:
the poet teaches people the fundamentals and what's essential,
hidden inside reality.
Yes, he's the teacher of naughty children
who worry about lollypops, trifles, cars
while the teaching doesn't reach them.
What does this comic figure want from us then?
An eclipse of the sun. War about to begin.
Cities are falling. No one in them remains
but a few stalwart vegetarians...

11.26.1996.

* * *

Třasolist posledního topola snáší se k zemi
a zcela obnažené stromy vydány jsou na půl roku
rozmarům povětrnosti a sáhování kroků.
Sáhuje to démon Listohlav
bezohledný a pyšný jako páv.
Ubohé stromy, vaše dřevo není hodnotné,
je kuřecí a kdekdo po vás tne
beztrestnou sekyrou, nemáte čím se bránit
boj je nerovný a já nemohu chránit
před příchodem kata, atakdále
už abychom měli na Tři Krále...
už aby rozezněl se čarovný buben
aby rozčeřil nás sladký duben...

27.XI.1996

*   *   *

The trembling leaf of the last poplar falls to earth
and for half a year the bare trees are at the mercy
of being trampled by footsteps and weather's whimsy.
Leafyhead the demon storms here and there
proud as a peacock and devil-may-care.
Poor trees, your wood hasn't any value.
It's small potatoes and they're out to get you
with axes. You're completely defenseless.
The fight isn't even plus I'm utterly useless
against the executioner's advent and so on.
If only Epiphany would finally come...
If only the magic drum would finally roll,
so sweet April could make us once again whole...

11.27.1996

*   *   *

Volným pádem padající kámen,
bouřným valem narůstající věk
a on býval tak pyšný, pyšný v domněnce
něco vědět a dovést to i předat,
ale jak se blíží ON, chápe, že neví nic,
že sice předává, ale nalicho a bez odezvy
a že to všechno byl nepřehledný omyl
vyskládaný jak motejlí křídla z absurdandy,
nespravedlivé absurdandy kterou je život
politováníhodný omyl
Vyveďte jej z tohoto zoufalství
někdo z houčku těch, kdo ho milují –

3.XII.1996

*   *   *

A falling rock in freefall,
the turbulent rush of accumulating years –
He used to be so proud, proud in his belief
that he knew something and could express it,
but once HE gets close, he sees he knows nothing,
though he's communicating, the words are in vain,
        unanswered
and it's all been an elaborate mistake
made, like butterfly wings, out of absurdity,
the unjust absurdity that is life,
a sorry mistake.
Someone from among his crowd of devotees
lead him out of this misery.

12.3.1996

*   *   *

V jednom roce začíná dítě chodit,
ve dvou letech začíná mluvit,
ve třech rozlétne se branka jeho úst.
Anděl za stěnou naslouchá, takže mu neunikne
start génia, božně přímého vedení
a když je plně v provozu, začne génia odsávat
a děti stanou se námi.
Neskonalé neštěstí, z něhož plyne:
děti nemít. Ale zkuste vyvěsit transparent
Nemějte děti, před branami velikého města,
vyběhnou ozbrojenci a ubijou vás.
Tak je to zařízeno. Všechno je zařízeno...

4.XII.1996

THE OLD MAN'S VERSES

*   *   *

At a year a child begins to walk,
at two it begins to speak,
at three it lets his trap fly.
An angel behind the wall listens in so he won't miss
the start of genius, guided by God himself,
and right when the genius is in full swing, he starts to suckle
    it dry
and the children become like us.
The infinite misfortune from which it follows:
don't have kids. But try and hang out a banner
in front of the city's gate that says – *Don't have kids.*
Armed men will come running and strike you down.
That's how it's arranged. It's all been arranged.

12.4.1996

*   *   *

Nikdy nezazněla ve sluch polnice břeskněji
nežli hrstce zubožených Španělů dusot kopyt a posily
asi stovky jezdců a koní.
Stalo se tak na pusté puná, kde obři
si hráli na schovávanou.
Proč vyvolávat děj čtyřistapadesát let starý?
Na důkaz, že i chamtivý zlosyn může zažít radost,
radost opravdovou i jásavé štěstí,
a že nic se tak nevyplácí,
jako usuzovat na povahu lotra, na jeho vnitřek,
neboť schopnost radovat se takto výkupně
indikuje existenci Boha.

13.XII.1996

*   *   *

A bugle never sounded out more brazenly
than the hundred or so reinforcements and their horses' hoofs
did to the ears of a handful of pitiful Spaniards.
It happened on a barren Andean plateau where giants
played hide and seek.
Why bring up a 450 year-old event?
As proof that even a greedy reprobate can experience joy,
true joy and jubilant happiness,
and that nothing is less rewarding
than trying to judge the nature of a rogue, his inner being,
because being able to rejoice redemptively like this
points to the existence of God.

12.13.1996

*   *   *

Báseň jde z básně jak z početí plod,
spíše však jak tasemnice ze střeva iluze
napsal jsem jich tisíce ale na smrtelné posteli
nebudu schopen odříkat ani jednu z nich
vydán všanc vplen něčemu podstatnějšímu,
vanu do vesmíru, kde je místa dost
a dílo básnické bude se mně zdát co bezpodstatné,
unášivý van už bez poesie.

13.XII.1996

*   *   *

Poem comes from poem like birth from conception,
or rather like a tapeworm from the bowels of illusion
I've written thousands of them, but on my death bed
I won't be able to recite a single one
being left to the mercy of something more fundamental,
a breeze in space where there's enough room
and a poem to me will seem immaterial,
a magnificent wind devoid of its poetry.

12.13.1996

* * *

Za týden bude Štědrý den, ten blahý pohov,
rodinná večeře, krabice dárků pod stromečkem.
Jenže mravenci z toho udělali něco úplně jiného,
nežli k čemu došlo v mýtickém Betlémně.
Ježíšek, to zázračné dítě jako mladičký Mozart
nedosahuje na pedály a Leopold hlídá prachy.
Duše pláče a srká polívku,
ale alespoň jsme všichni pohromadě
se zapíraným smutkem v podvedených srdcích.
Dávno něco chybí, těžko říci co –
ale hlavně PROČ. Svět se zkurvil
a svatost kydá vidlemi peněz.
Ale jsou i takoví, kteří v takovýto večer
jsou sami a pijí z cizího hrnku.

13.XII.1996

*   *   *

In a week it will be Christmas Eve, that blissful break,
the family dinner, gifts beneath the tree.
Only the ants had made something else out of it
by the time it took place in mystical Bethlehem.
Baby Jesus, a miraculous child like the youthful Mozart,
doesn't reach the pedals and Leopold's minding the dough.
The soul weeps and slurps its soup,
but at least we're all together
with the sadness stifled in our splendid hearts.
For a long time, we've been missing something. It's hard
     to say what –
and especially WHY. The world's fucked up
and holiness mucks it out with a pitchfork made of money.
But there are also those who, on an evening like this,
are alone and drink out of someone else's cup.

12.13.1996

*   *   *

Myriady atomů a každý z nich
obklopen naprosto nedopočitatelnými elektrony
jsou příčinou i člověkova neklidu,
jeho zhovadilých skutků, ne, nemůže být pokoj,
nenajdeš mezi šesti miliardami jednu bytost klidnou,
ony myriady jsou příčinou nepochopitelného zmatku
i těkavých koňů, vzdej se naděje, chtěj klid,
ano klid, ale to musíš zemřít,
vystěhovat se do vesmíru, kde je místa dost
a vražedné chladno, tak je to zařízeno,
nelze už obejmout, a to ani nic
natožpak někoho. Běda!

13.XII.1996

*   *   *

Myriads of atoms and each one of them
surrounded by an utterly incalculable numbers of electrons
cause man's anxiety as well as
his savage deeds. No, there can be no rest.
You won't find a single restful being among the six billion.
These myriad atoms cause unthinkable chaos
as well as the horses' taking flight. Give up hope. Pray for rest,
yes, rest, but you have to die for it,
move out into the universe where there's enough room
and murderous cold. That's how it's been arranged.
You no longer have the power to embrace anything,
let alone anybody. Alas!

12.13.1996

Thanathea et cetera

Poslední, co si pamatuje po normální noci,
byly jeho útlé nárty any vkluzují do pantoflí –
jak byl, nemyt, neholen, převrávoral osm kroků
od lůžka k pracovnímu stolu na verandě
podstropené modřínovými palubkami
Zasunul papír do válce a začal pracovat
při díle rozhořívala se inspirace až do vatry
až do vatry nevědomí Stal se poesií
Nekouřil, necítil hlad a po sedmi hodinách
měl stoosmdesát hotových veršů,
venku hořely náklaďáky s náložemi totalitarismu,
po skončené práci slyšel nenáviděné kroky životního souputníka
a listuje papíry, něžně ji oslovil
Podívej se, co se zase stalo –
beze slova či ohlédnutí vplula do ložnice
Jaké síly byly tenkrát při díle, neví
ale bylo to těžké trans, absolutní inspirace...
Převlékl se a dostal na Staroměstské náměstí,
kde v nádherném odpoledni ke konci května
začal pít bile sklenku za skenkou,
kde všude byl neví je to nevybavitelné,
začal Prahou bloudit, až veden dobrým duchem
dobloudil na Velkopřevorské náměstí,
naštěstí byl Karel Chaba doma, uložil ho
a nazítří se jelo na venkov na Podbořansko,
zde povprvé viděl valník potroušený slamou,

Thanathea et Cetera

After an uneventful evening the last things he thought of
were his narrow insteps sliding into his slippers
and how he was unwashed and unshaven. He crossed the
    eight steps
from his bed to the desk on the veranda
covered in larch decking.
He inserted a sheet of paper into the typewriter and
    started to work.
While he worked, his inspiration flared into a bonfire,
the bonfire of unconsciousness. He became poetry.
He didn't smoke. He didn't feel any hunger and after
    seven hours
he had 180 lines complete.
Outside the trucks with totalitarianism's bombs were burning.
After finishing work, he heard the dreaded steps of his
    life's companion
and as he flipped through the paper, he said to her gently,
Look what else has happened –
She swept into the bedroom with neither a glance nor word.
He didn't know which forces were at work while he wrote,
but it was a deep trance, absolute inspiration...
He got dressed and found his way to Old Town Square
where, on a splendid afternoon near the end of May,
he started drinking one glass of white wine after the other.
He didn't know where he went. He couldn't recall.
He started wandering around Prague until, guided by a
    guardian angel,
he stumbled into Velkopřevorské Square.
Luckily, Karel Chaba was at home. Chaba put him up
and the next day they drove into the country, to Podbořansko
where, for the first time in his life, he saw a wagon strewn
    with straw,

zde poprvé viděl utrakvistická boží muka
a nádhernou zemi, nekonečné koncentrické kruhy lesů
zíral očarován, ale protože osud je soustava bucharů
obsah třetího zpěvu skladby se naplnil –
ztráta dítěte, zpustošení země plus invaze
všechno zmizelo – tanky, syn a země se oddálily
na šestadvacet let.
Jen posie zůstala, naplnila se
a teď mně řekněte co byl 14. květen 1967
a Jan Zábrana mu napsal: často jsi sklouzával –
ale toto je nabodnutí žíly plné černé krve
nemohl jsem ti to neříci...
Všichni jsou mrtvi ale Thanathea přežila
a v Praze žije Radka Fiedlerová
která tu báseň recituje nazpaměť!

where, for the first time in his life, he saw an Utraquist pieta
and the exquisite countryside, its endless concentric
    circles of woods.
Spellbound, he took it in, but since fate is a network of
    steam hammers,
his poem's third canto came true –
the loss of a child, the country ravaged, plus the invasion.
Everything vanished – the tanks, his son and the country
    withdrew
for twenty six years.
Only poetry was left. It came true.
And now tell me what May 14, 1967, was
and Jan Zábrana wrote him: often, you've missed the point –
but this is a knife that strikes a vein filled with
    deep-red blood.
I simply could not stop myself from telling you.
Everyone's dead, but Thanathea has survived
and Radka Fiedlerová who can recite the poem by heart
lives in Prague!

Modlitba

Pane, jaký to rozhovor
Pane jaký to rozhovor jaká úmluva
rozmluva s Tebou a Tvá se mnou,
ano se mnou –
rozmluva spíše se mnou už mám na to léta
podivno teprve teď bych žil
dodnes od potopy světa

Pane
když s narvanou lebkou kladu hlavu na polštář
tu se verše řinou mozek na vysoké obrátky
produkuje obrazy kruhovité oplatky
hostie které husité házeli sviním
podobni krví zbobtnalým dýním
pak znásilnili, nakonec káleli na Stolec Boží
tak chtěli vykořenit katolické hloží
když s narvanou lebkou zcela neuvěřitelně
vodovážně, leskle, jak jezero skelně
někam se pohybuje obraznost
a po procitu zjitra po ničem ni kost
z čeho vyrobil mozek nesčetné obrazy
kdo je rozeštípal, kdo je rozrazil
během noci soví ana na větvi hourá
kdo zničil zámky kdo hrady zbořal?

Pane
vyběl mne jak prostěradlo
položené na trávník
a polévané babiččinou konví
pak se prádlo sebralo složilo
vyžehlilo uložilo
proložilou majoránkou

Prayer

O Lord, what colloquy
O Lord, what colloquy, what covenant
my dialogue with you and yours with me,
yes, with me –
a dialogue rather with me I'm old enough
how strange it's only now I'd live
from the time of the flood until the present

When, my brain's filled to the brim, I lay down my head
the poems start surge and my mind to whir
reeling off images of round wafers
hosts the Hussites threw to the swine
looking like gourds gorged on blood they defiled
women and finally shit on God's throne
so they could uproot the Catholic's hawthorn

When my brain's filled to the brim, everything gleams
level as a glass lake strange though it seems
the image then travels somewhere
and when I awake, neither hide nor hair
remains of the myriad images my mind's conceived.
Who's shattered them? Who's smashed them to smithereens
on the sleepless night that owl-like on a branch sways?
Who tore down the manors? Who, the great castles, razed?

O Lord
Bleach me white as the sheet
laid upon the grass,
watered by an old woman's watering can.
Then the wash was gathered up, folded,
ironed, put away
with marjoram between the folds.

To přesně učiň se mnou
Abych byl čist a rovný a voněl

Pane
zbav mne pohlavního pudu
dnes jsem byl v obchodním domě
neodolatelně puzen díval jsem se na děvče
vystřižené přilepené s jedním ramínkem podprsenky
spuštěným dolů
chápal jsem že jsem idiot
ale síla byla silnější než já chtíče
musel jsem prchnout
před svým vlastním ponížením
vše co jsem dosud lepšího učinil
bylo rozdrceno oním ramínkem
nemohu to vypudit ze svého světa
navíc tak se děje všem anebo většině
u žen je to palčivější než u mužů
Tůní mihne se pstruh a je zle
a to zlo zachvacuje celý svět
svrbění svrbění topor a topor a krev

Pane chraň mne zlých skutků
nikoho jsem nezavraždil
nikoho neoloupil a nikdy
nikoho podle nepodrazil
nejsem toho schopen
ale spíš než o tyto odpornosti
jde mně o drobné všivoty –
dej mně křišťálovou duši
duši kristalinní
čistou na lomu a přesnou
A, poslyš, nebyls to Ty Sám
velkonedbalec nesoucí část viny:

Do the exact same thing to me
so I'll be clean and smooth and smell sweet.

O Lord
release me from carnal lust.
Today at the store,
driven by a force beyond my control
I stared at the display of girl
with a fallen bra strap.
I realized I was an idiot,
but the drive, the lust, was stronger than me.
I had to flee
in the face of my own disgrace.
All the good deeds I'd done until then
were crushed by that strap.
I can't rid my world of lust,
besides, it happens to everyone, or almost everyone
for women it's more ardent than men
A trout flashes through a pool and it's evil
and evil seizes the entire world
an itch an itch a club a club and blood

O Lord protect me from evil deeds
I've never killed
never robbed and never
double-crossed anyone
I'm not able
in my case, it's a matter of petty sins
rather than these atrocities –
give me a crystal soul
a crystalline soul
exact in refraction and precise
And listen, wasn't it you
the great good-for-nothing bearing part of the blame:

ve chvíli, kdy to třesklo, a tys o tom věděl
ne že bys byl zašantročil, prostě jsi tam nedal
třistamiliard kventlíků záření
padesát miliard puten fermionů
a ohnal ses rukávem...už nikdy nikde...
a toto manko se dvacet miliard let nato
vyjevilo na zemi, kdy z oceánů
lezli červi a dešťovky a za sto milionů let
brouzdali se savanou brontosauři
a za dalších iks let máchal kamennou sekyrou
chlap buližník a ženská ucournice
a jak jim jemněl mozek
zrodila se vlastnost neodčinitelná
a nevyhladitelná, jak je vidět –
totiž nepoučitelnost, ta nestvůra,
ten jedový kořen zla; Santayana
ten o tom něco věděl a pregnantně to řekl:
those who are unable to learn from the past
are forced to live it again
to live it again

Přistihuji se, že s tebou mluvím jak se sousedem
ale bez atropoformismu nelze jinak.
Jsi můj soused a Pán, kým jiným bys taky byl?
Už samo oslovení dává smysl právě tak
jako je nesmyslné
protože nejsi nikdo osobní. Theologové naopak
trhají kůži Boha osobního.
Je-li jaké zlo, je jím theologie,
nekonečné fascikly popsané povýšenci
s pověřením učit!
Odpovědného takhle mučit,
to dovedou, to dovedou
krocaní pavědou...

at the moment of the blast, and you knew
that the 300 billion grams of radiation
50 billion tubs of Fermi particles
hadn't been misplaced, you simply didn't provide them
and you waved your hand...no more nowhere...
and the shortfall appeared on earth
20 billion years later when maggots and earthworms
crawled out of the ocean and for a 100 million years
brontosauruses plodded through the savannah
and for the next x amount of years, man of flint
brandished a stone ax and woman, the bedraggled whore
and once the mind tamed them
the irreparable nature was born
that couldn't be rooted out – that is the incorrigibility
as you can see, the creature,
the poisonous root of evil; Santayana
he knew something of it and insightfully remarked:
those who are unable to learn from the past
are forced to live it again
to live it again

I catch myself talking to you like a neighbor
but how else can I without making you human.
You are my neighbor and Lord, who else would you be?
It's makes as much sense as nonsense
talking to myself
because you're not made of flesh. But theologians perversely
tear at the skin of a flesh-and-blood god.
If an evil exists, it's theology,
endless volumes written by upstarts
meant to teach the people!
Thus they torture the one responsible
it's what they do, what they do
with their featherbrained half-truths...

Pane, co je to Poslední Soud,
že snad budem roztrženi oud co oud
a že setká se se sebou samým pouhý hlouček
vyvolených co je to za nesmysl?
vinen je ten, kdo ta slova razil
a lidem do myslí pln namyšlenosti to vrazil
anebo učenec ve své smrduté sloji

Pane, co je to vykoupení
z tohoto mlácení, pouštního drkotání
smrt? to je dobré, nejvýš žádoucí,
lépe než notorická nemoc padoucí
kterou zde opadáme samá zlomenina
okoralá shnilá zelenina

Pane, co je to Hřích?
krádež? Lesní pych?
Vražda, vražda?
To jistě každá
a co sebevražda? to už bych váhal
vždyť ani ty neuhodneš
dno zoufalství sám nad ním bledneš
a tos pohodil, lépe rozhodil po našem světě
jakoby nic, jen gestem, mžiknutím
průvanu mezi tím a tím?

Nechme hádání, které mne ničí!
Prázdnota kosmu nehybně fičí
a unáší nás NIKAM, nechme toho
už nebude dlouho ani dlouho
bude jen čas, čas nenáviděný
jak koule hranatá na vše vržený
zanechávajíc na všem lezlý stín
stopu všech opravdových vin
Pane, co je to hřích?

O Lord what is the final judgment then –
that we may be torn limb from limb
and reunited, a mere handful
of chosen few what nonsense is that?
guilty he who coined the lines,
arrogantly impressing them on the people's minds
or guilty the scholar in his stinking bed

O Lord what can deliver us
from this torture, a rattling wilderness
death? it's fine, the greatest ambition,
preferable to leprosy the infamous condition
cutting us down in one fell swoop
a rotten crusted-over fruit

Lord, what is Sin?
Theft? The firewood you pinch?
Murder? Murder?
Each and every one for sure,
and suicide? I'd hesitate there
since even you can't tell
the very depth of despair that turns you pale
and you've tossed it out, or rather, strewn it across our world
as if it were nothing, mere gesture, the twinkling of a draft
between this and that?

Let's stop the conjecture destroying me!
The empty universe whizzes inertly,
takes us NOWHERE, let's stop it now
long will no longer mean long somehow
there will only be time, fearful time from now on
hurled like a square ball at everyone
leaving on us all its creeping print,
the mark of every genuine sin
O Lord what's sin, I pray?

IVAN DIVIŠ

Lidská existence, řekl bych.
Holý fakt, že jsme, je zhoubný.
To je ta zkáza, to jsou ty hloubny
hrůz a neřestí, jež nás ničí,
hřích ničí sebe sám, ostny s biči
megaflagelantismus po celém světě.
Hřích je vražda s rozmanitými doplňky,
strašné bouře s prokmitajícími ouplňky
a alkohol, drogy? podvod a lest
výsměchy, ousměchy tomu, co jest
velkého a největšího
toho zázraku, jež zove se mozek.
V něm sídlí vše nepěkné od mnutí kozek
děvčátka v košilce a všechny aberace
pohlavního pudu, sebemstivá práce!
Ale ne hřích. Člověk prostě musí.
Tři nepravosti na čtyři kusy.
Trvalo dlouho než se vyvinul a rozčlenil
aby pak s námi natrvalo byl.
A my ne a ne se ho tady zbýt
na kusy rozdrtit, ne tětím toporu
ale sami sebou odzdola nahoru
švihem duchovním, šmahem ducha
na protiv tebe, Veleducha
kterýs to musel o nás vědět,
předzvědět a pomalinku jednat
jako když se klade na hru karet sedma,
která všechno bere.

Mágové, věštkyně, velekněží
napráskat kožich té obskurantní spřeži
astrologii a józe
přivázat neviditelný kámen k noze.
Má cenu, pokud má, je dělat vše

Human existence I dare say.
The sheer fact we exist spells disaster
That's the legend, the nadir
of dread and hopelessness eating at us
sin destroys itself, the whip and thorny apparatus,
the mega self-flagellation the whole world over.
Sin is murder with its myriad tools,
terrible storms with shimmering full moons.
And alcohol and drugs? Deceit and guile,
the mockery and smiles
for the thing greatest and most sovereign,
this miracle called the mind
where every indecency you find
from stroking a girl's tits, every sexual deviation,
a self-destructive occupation!
But not sin. Man simply must.
Three injustices in four parts cut.
It was there for a long while before it evolved and multiplied
so it could stay forever by our side.
And we can't, we can't get rid of it
smash it smithereens with our own hand
top to bottom, not with a shaft
but with a spiritual whip, a soul's thrust
against you, the Genius
who must have known how we are
predicted it and was slow to act,
like the seven thrown in a card game
that takes all.

Sibyls, high priests, the Magi –
to beat the shady henchman's hide
tying the invisible stone around the feet
of yoga and astrology.
It's worth it, if at all, to do

ze sebe sama, sama ze sebe.
Já k tobě, ke mně od tebe. –

Nakonec Pane
vnukni mi odkud se bere poesie
její uhrančivá moc
její peruť která smávne všechno
její korund a démant
jež nemohou být zničeny
i kdyby se doničil celý svět
ten korund a démant zůstanou
hluboko pohřbeny v zemi
blízko jejího magmatu
a za pár milionů let
stane tu znovu tvor
vykřísne z té země ony drahokamy
a nanovo otevře svá ústa
té době se blížíme
říkám to s rozvahou

Pane který všechno víš
odpověz
nezůstávej lhostejný
netečný
ten který nezasahuješ

Ale musím skončit
neboť theologické diskursy mne ničí
a mé nejlepší přátele rovněž
Nemá to cenu

everything from deep within
from me to you and back again. –

Finally, O Lord
inspire me from the place where poetry draws
its obsessive power
its wing that lashes everything
its corundum and diamond
that cannot be destroyed
even if the whole world were to destroy itself
the corundum and diamond would remain
buried deep in the earth
near its magma
And in a couple of million years
once again a being would rise
to dig these jewels out of the earth
and open its mouth again
The time is drawing near
I say this with due gravity

O Lord, you who know all
answer
don't stay impassive
indifferent
one who doesn't intervene

But I have to end
because the theological discourse is destroying me
and my best friends as well
It's not worth it

Pane
obdař mne skromností
pončtím mravence
který může kdykoli bý zašlápnut
sloní tlapou
pane nezatěžuj mne pokryteckým zbabělstvím
třesením osikového listu
prosil jsem o skromnost
o ten skvost

5.II.1997

O Lord
endow me with humility
the mindset of the ant
who, at any time, can be crushed
beneath an elephant's foot
O lord don't burden me with two-faced cowardice
the trembling aspen leaf
I prayed for humility from you
for that rare jewel

2.5.1997

* * *

Ač prošed Gobi i Takla-Makanem nestyku
čekoli mužského pro ženské a naopak –
náhle se nad ním protrh kasetový strop zázraku
a už zapůlhodiny leželi na lůžku propleteni
všemi osmi končetinami a pracujíce proti sobě oběma těly.
Leč právě pro ten nečekaný obchvat zázraku
i do hrdla srdcetlukoucí rozechvěni,
nepodařilo se mu rozpáčit stélkatou škebli.
A přesto pod sebou slyšel krátké a pro něho kneuvíře
vyrážené stony rozkoše, to z pochopení i z rozkoše z rozkoše.
Když ztišilo se vlnobití, poznal
že vyjma zákonů matematiky, jež stanovil sám Bůh,
jevstují i zákony humanior, jakkoli nepravděpodobné, leč
vedoucí ke skutečnosti, nablízku uskutečnění...
Na odchodu poslal jí přese sklo domovních dveří
políbení od svých úst k jejím, ano, za jejím ještě jevem
tak nádherným, že slova pro jeho výstih
nesvedli by dohromady ani Ovidius s Dantem...

7. I. 1998

*   *   *

Though he'd crossed celibacy's Gobi and Takla Mankem
of what man can do for woman and woman, man –
suddenly, miracle's recessed ceiling ripped open above him
and, for half an hour, they lay in bed, their eight limbs
intertwined, both bodies working against each other.
Because the miracle had caught him by surprise
and his beating heart was trembling in his throat,
he couldn't manage to pry open her thalloid stem.
Just the same, he heard beneath him the brief and implausible
groans of uncontrollable passion from intimacy
        and from passion from passion
When the surging waves stilled, he realized
that besides the mathematical laws set down
by God himself,
there also exist laws of human kindness, however implausible,
leading to truth, the realization close at hand.
As he was leaving, through the window of her front door, he
        sent her
a kiss from his lips to hers, yes, in the wake of her image,
still so exquisite that Dante and Ovid combined
could not find the words to do it justice...

1.7.1998

* * *

Daniele!

Nádhera pomyšleni, že mne kdos miluje,
víc, spása, ano, vykoupení,
takže sebevražda znamená v poslední chvíli
    vysmeknutý provaz
ze sevřeně kroucené větve přízraku zoufání.
Ach nezapomeň, nezapomeň na mne –
a já tvým nezapomenutím posílen k neúvěře
naznov vykročím, kam, ještě nevím,
bude to nejspíš stoupání na sněžnou velehoru,
na kterou vystupuje, sám se jí stanu...
A sestoupím z ní zase k tobě,
o tu její výšku oživotně vyvýšen
a, takto proměněn, nadějen dožít se věčnosti.

8.I.1998

*   *   *

Daniel!

The beauty of the thought that someone loves me
and salvation, yes, redemption, besides
so that suicide means the rope will slip
from the phantom of despair's gnarled branch at the
　　final moment.
Oh, don't forget, don't forget me –
and renewed beyond belief by your not forgetting,
I'll head out again, where, I don't know,
most likely, to ascend a snow-covered peak
that I'll turn into as I climb...
And I'll descend it to go to you again,
lifted with new life to its height
and, thus transformed, hopeful to live to eternity.

1.8.1998